Königs Fitness

Klaus Schenck

Analysieren und Interpretieren: Lyrik

11. – 12./13. Klasse

Bange Verlag

Über den Autor
Klaus Schenck ist Oberstudienrat für Deutsch, Religion und Philosophie/Psychologie an der Kaufmännischen Schule/Wirtschaftsgymnasium Tauberbischofsheim. Er gestaltet eine „Deutsch"-Homepage (www.KlausSchenck.de) und betreut eine landesweit beachtete Internetschülerzeitung (www.schuelerzeitung-tbb.de). Mit offenen Briefen in verschiedenen Zeitungen zeigte er seine kritische, oft sehr zugespitzte Sicht des Lehreralltags, sodass diese „Briefe" in Lehrerzimmern und auf Elternversammlungen für Diskussionen sorgten.

4. Auflage 2017
ISBN 978-3-8044-1538-6
PDF: 978-3-8044-5538-2

Lektorat: Michael Banse, Leipzig
Umschlaggestaltung: Steffen Schmitt
Herstellung: PER Medien+Marketing GmbH, Braunschweig
Druck und Weiterverarbeitung: Bosch Druck GmbH, Landshut

Inhalt

Vorwort

Halt, nicht weiterblättern! Hier ist das Rettungspaket für Hilfesuchende.

Einführung

Situationsbeschreibung: Klassenarbeitspanik und keinen Durchblick!

Liebe Schülerin, lieber Schüler,

es ist 14 Uhr, morgen schreibst du eine Klausur zur Gedichtinterpretation. Den Termin kanntest du natürlich schon seit Wochen, merkst aber heute, dass diese Klausur nun tatsächlich morgen stattfinden wird. Die Hausaufgaben wurden, na ja, ab und zu mal gemacht, aber eigentlich auch nicht richtig, und der Aufbau der Klausur ist dir ein totales Rätsel, das ist es, was dich am meisten beunruhigt. Wenn du nur den Aufbau hättest, den könntest du dir schnell „reinziehen" und beim Gedicht selbst wird dir dann schon noch etwas einfallen, aber der Aufbau, der muss her! Also kauftest du dieses Heft so gegen 15 Uhr und willst nun bis morgen fit sein. Ziemlich viel verlangt!

Das Heft besteht aus zwei Teilen:
Die Einheiten 1 bis 3 beinhalten nun das gewünschte Klausur-Rettungspaket. Hier geht es zunächst mal um den Aufbau der Klausur, also den äußeren Rahmen, damit du wenigstens etwas aufs Papier bringst: Gliederung oder Schreibplan und **einen schnellen Überblick** zu Analyseaspekten in deiner Klausur, aber nicht mehr. Um alles zu wiederholen, bleibt ein Tag vor der Klausur keine Zeit mehr. Schließlich solltest du auch noch ein paar Stunden in der Nacht schlafen! Du kannst damit überleben, aber natürlich keine exzellente Note bekommen!

Wenn du aber diese Lernhilfe drei bis fünf Tage vor der Klausur gekauft hast, bleibt dir mehr Zeit und dann wird dir der zweite Teil, **die Einheiten 4 bis 7**, **viel Handwerkszeug** liefern.

Nun zum **Aufbau des Heftes**:
Nun willst du wissen, wie das Ganze aufgebaut ist. Jede Einheit ist gleich strukturiert, sodass du immer sofort weißt, wo es langgeht. Wer denkt: „Wow, das kenne ich schon!", kann alles kurz überfliegen und dann diesen Teil überblättern oder auch feststellen: „Mist, so gut hab' ich's doch nicht drauf!".
Auch will ich dir an wenigen Gedichten viel zeigen. Wenn du dich mal in ein Gedicht eingearbeitet hast, wird dieses dich mehrere Einheiten begleiten. Denn ich weiß, dass „Gedicht-Muffel" es nicht unbedingt lustig finden, immer mit neuen Gedichten konfrontiert zu werden. Aber in die wenigen Gedichte, die du hier brauchst, arbeitest du dich bitte ein, versprochen?!

Jede Fitness-Einheit besteht aus vier Teilen plus Lösungen:
1. Wissen: Hier nenne ich den Stoff der Einheit und sage dir klar, welches Wissen du haben musst, um diese Einheit vielleicht auch mit gutem Gewissen überblättern zu können. Tipp: Schau dir aber kurz die folgenden Seiten an, ob du auch wirklich das Wissen hast.
Hier werden dann auch die Regeln vorgestellt, sodass du genau weißt, wohin du marschierst.

2. Kurs: Hier wird dir alles Schritt für Schritt genau vermittelt. Nach dem Kurs hast du das notwendige Handwerkszeug, um das Gedicht im Einzelnen zu untersuchen.

3. Training: Jetzt wird das Ganze geübt. Du lernst ja auch nicht schwimmen, indem du am Beckenrand stehst und Schwimmbewegungen andeutest.

4. Check: Hier merkst du schnell, ob du „schwimmen" kannst oder „untergehst", ob du alles weißt, wenn ja, aber nur dann, bist du für die nächste Fitness-Einheit bereit.

Der Klausurlotse in jeder Fitness-Einheit zu Beginn des Wissens-Teils zeigt dir, welche Teile der Gliederung und des Arbeitsprozesses gerade in der Einheit „dran" sind.

Klausurlotse:
Vorarbeiten – Einleitung – Inhaltsangabe – äußere Form – Stropheninterpretation – Gesamtüberblick – **Biografie** – Epoche – Schluss – Durchlesen

Diese Lernhilfe wendet sich an Schüler, die nicht so recht wissen: „Wie gehe ich vor, woher bekomme ich knapp mein Wissen, wie schreibe ich eine Klausur zu einem Gedicht, was muss in der Interpretation vorkommen?" Hier wird nicht beim Wissen angesetzt, sondern bei der fehlenden Kenntnis. Wenn wir gemeinsam durch dieses Buch gegangen sind, ist die Kenntnis da, keine Sorge. Die Stärke unserer Klausur-Strategie ist die schnelle Anwendbarkeit, die klaren Anweisungen, das Konkrete. Alles ist auf das absolut Notwendige reduziert.

Als Berater standen mir Schülerinnen und Schüler meiner Klassen 11 und 12 zur Verfügung. So wurde zu den Aufgabenstellungen eine **Minutenzählung [10']** hinzugefügt, sodass du den ungefähren Zeitaufwand abschätzen kannst. Die Minutenangaben stammen von den Schülern. Auch unterstützten mich die Deutsch-Kolleginnen und Kollegen meiner Schule. Schülern wie Kollegen möchte ich hier herzlich danken, besonders aber meiner Kollegin Judith Froitzheim, deren ausgearbeitete Gedichtsmaterialien ich benutzen durfte.

Es ist ein Übungsheft, das dich „an der Hand nimmt" und mit lockeren, dich aufbauenden Sätzen durchlotst. Es ist ein „Überlebenspaket" für „Deutsch-Muffel", das alles klar erklärt, das Handwerkszeug vermittelt, um nicht wie der „Ochs vor dem Gedicht-Berg" zu stehen.

Auf, pack's an und zieh's durch,
ich drück' dir die Daumen!!

Vorwort zur 3. Auflage

Meinen Schülerinnen und Schülern der Klasse 12.1 (Schuljahr: 2013/14) am Wirtschaftsgymnasium Tauberbischofsheim möchte ich für Fehlersuche und konstruktive Kritik herzlich danken, durch ihre Unterstützung wurde einiges verbessert und neu formuliert.
Tipp für Lehrkräfte: Fangen Sie die Fitness-Einheiten 1-3 schon in der 11. Klasse an. Sie eignen sich sehr gut als Einführung in die Interpretation – unabhängig von Prosa oder Lyrik. Auch erweist es sich als sinnvoll, in der 11. Klasse nochmals kurz Wesentliches aus Unter- und Mittelstufe zu wiederholen.

Klaus Schenck, September 2014

Klausurlotse:

Vorarbeiten – **Einleitung** – **Inhaltsangabe** – äußere Form – Stropheninterpretation – Gesamtüberblick – Biografie – Epoche – Schluss – Durchlesen

Vorgehen

In der Regel heißt die Aufgabenstellung immer: **„Interpretieren Sie das Gedicht!"** Die Aufgabenstellung selbst bietet also keine Hilfestellung mehr in Blick auf die Vorgehensweise, das ist nun deine Aufgabe! Folglich musst du nicht nur deine Gliederung im Voraus im Kopf oder einen Schreibplan auf einem Extrablatt aufgeschrieben haben, sondern auch eine Strategie entwickeln, wie du vorgehst, um die geplanten Schritte auch zu packen, also auszuformulieren. Das Thema dieser Fitness-Einheit 1 sind **strategische Tipps für die ersten Minuten** und die Vorbereitungen zur Klausur.

Du kennst die Situation vielleicht: Die Klausur hat begonnen, das Gedicht liegt vor dir, dein Puls rast und du verstehst vor lauter Aufregung beim Überfliegen nur Bahnhof, Panik kommt auf.

Soweit bist du aber noch nicht. Denn jetzt sitzt du in deinem Zimmer, bist zwar nervös wegen der morgigen Klausur, aber ein Tag trennt dich noch vor dem gefürchteten Zwangsauftritt!

Als Wiederholung und Anregung findest du den Klausurlotsen oben, der dir schon die notwendigen Schritte zeigt und einen Katalog mit Schlüsselfragen an ein Gedicht (s.u.).

Du überlegst dir jetzt mal in aller Ruhe: **„Wie gehe ich vor?"** Trage bitte unten in die Zeilen ein, was du gelernt hast und welche Ideen dir kommen. Mach das bitte, bevor du weiterliest. Es ist ganz wichtig, dass du die Anforderungen deines Deutschlehrers in erster Linie berücksichtigst, der macht die Note. Also, welche Tipps für die ersten Schritte zur Gedichtinterpretation hast du gelernt?

1. ______________________________

2. ______________________________

3. ______________________________

4. ______________________________

5. ______________________________

Danach kannst du erste Fragen an den Text stellen (**Fragenkatalog**):

1. Kenne ich den **Dichter**? In welcher **Zeit** lebte er? Was waren so seine Themen? Welcher **Epoche** kann ich ihn zuordnen? Gibt es für diese Epoche typische Themen?
2. Was sagt mir die **Überschrift**? Welche Erwartungen habe ich bei dieser Überschrift? Spiegelt wohl das Gedicht die Überschrift wider oder ist vielleicht die Überschrift ironisch gemeint?
   Tipp: Lass in dir ein Erwartungsbild entstehen.
3. Gibt es ein **Wann** und **Wo** im Gedicht: Werden konkrete Orte/Landschaften/Jahreszeiten/Tageszeiten/ein Damals/ein Heute genannt? **Wer** tritt in Erscheinung (lyrisches Ich)?
4. **Worum** geht es denn überhaupt (Ereignis/Gegensätze/spezielle Situation)
   Tipp: Lass in dir ein Bild der Stimmung oder Situation entstehen!

5. Wie viele **Strophen** hat das Gedicht? Gibt es eine Strophe, die das inhaltliche Zentrum sein könnte? Wie verhält sich das Ende zum Anfang? Könnte in der letzten Zeile eine zentrale Aussage stecken? Gibt es einen Wendepunkt? Wenn ja, wo? Kann ich vom Druckbild her Rückschlüsse ziehen?
6. Ist das Beschriebene eine Schilderung **realer Dinge** oder spiegelt es eine **innere Situation** wider?
7. Wird beim Einklingen in das Gedicht der **Seh-, Hör-, Geruchs-** oder gar **Tast-Sinn** bei dir angesprochen?
   Tipp: Lass in dir ein immer konkreteres Bild entstehen!

Nochmals in Ruhe das Gedicht durchlesen:
- Passt alles von meinem entworfenen Bild zu dem Gedicht?
- Was passt nicht? Grund?
- Eigenes Bild bzw. Ergebnis der Interpretation in Ruhe überprüfen, notfalls korrigieren und Unklares zunächst mal stehen lassen, aber dieses Unklare als Warnung betrachten, vielleicht bist du auf dem Holzweg!

Der Schreibplan oder die Gliederung

Daraus entsteht ein Schreibplan oder auch Gliederung der Klausur, nach der du dann Schritt für Schritt vorgehst. Dieser Schreibplan dient zu deiner Beruhigung und auch dafür, dass du in deiner Untersuchung nichts vergisst. Die vorgeschlagenen Zeilenabstände geben deiner Klausur auf den ersten Blick eine Gliederung. Das Blatt kannst du folgendermaßen einrichten:

Einleitung
Zwei Zeilen frei
Inhaltsangabe
Zwei Zeilen frei
Hauptteil: Interpretation
formaler/äußerer Aufbau (Metrum/Reimschema usw.)
Eine Zeile frei
Interpretation jeder Strophe
Zwischen jeder Strophen-Interpretation eine Zeile frei
Überblicksdarstellung (Gesamtsicht des Gedichts)
Eine Zeile frei
Biografie des Dichters (Bezug zum Gedicht) (wenn möglich)
Eine Zeile frei
Epoche (Bezug zum Gedicht) (wenn möglich)
Zwei Zeilen frei
Schluss

Nachfolgend steht eine Gliederung für deine Planung als Seiten- und Zeitvorschlag für eine vierstündige Klausur zu einem Gedicht, bei der du mit Pausen auf 200 Minuten kommst. Minuten- und Seitenzählung sind nur ungefähre Werte, das dürfte dir ja klar sein. Alles hängt von deiner Schrift ab, deinen Fähigkeiten, deinen Vorkenntnissen usw. Also, betrachte die Vorschläge nur als eine Richtschnur, nicht mehr! Auch zählt nicht die Seitenzahl für eine Note, sondern Inhalt und Aussage: kurz, knapp, präzise ist zigmal besser als lang, langweilig und (oft) daneben!

Bei einem Vergleich von zwei Gedichten (s. Einheit 7) musst du mindestens alles halbieren, um zusätzlich noch Zeit für den Vergleich zu finden.

Aufsatz-Teil	Minuten	Seiten
Vorbereitung der Gedichtinterpretation	50–60	
1. Einleitung (danach: 2 Zeilen frei)	5–10	¼–½
2. Inhaltsangabe (danach: 2 Zeilen frei)	15	½–1
3. Interpretation • formaler Aufbau/äußere Form (1 Zeile frei) • Interpretation/Zeile für Zeile (1 Zeile frei) • Interpretation/Gesamtüberblick (1 Zeile frei) • Biografie/Bezug zum Gedicht (1 Zeile frei) • Epoche/Bezug zum Gedicht (2 Zeilen frei)	90	5–8 (⅓) 3–5 (½) (½) (½)
4. Schluss	10	½–1
5. Durchlesen (unbedingt einplanen, also entsprechend früher mit der Klausur fertig sein!!)	10–15	

Tipp: Am Ende kombinierst du in der für dich sinnvollen Reihenfolge deine und diese Tipps und lernst sie dann auswendig. Das wäre bis hier die **Feuerwehr-Methode**. Das muss unter Stressbedingungen ohne viel Grübeln funktionieren, du musst diese Strategien abspulen können, obgleich du in totaler Panik bist. Kein wahlloser Aktionismus, klares Handeln! Und dann kommt auch dein ruhiges Denken zurück!

Der Einleitungssatz

! *Merke:*
- *Autor, Titel, Textsorte (Gedicht, Sonett usw.)*
- *Kernaussage (mit thematischem Aspekt), vielleicht noch äußere Form*

Formulierungshilfen für die Kernaussage:
… stellt ins Zentrum
… kreist um
… thematisiert/verdeutlicht
… kritisiert/beschreibt
… greift … auf

Die Inhaltsangabe

! *Merke:*
1. *fast immer Präsens (Ausnahme: Vorvergangenheit [Plusquamperfekt] im Gedicht → Inhaltsangabe: Perfekt)*
2. *indirekte Rede*
3. *nüchterner, sachlicher Stil, noch keine Interpretationsansätze*
4. *keine längeren Zitate, nur 1–2 Zitatworte hintereinander, große Zurückhaltung mit Zitaten!*

Formulierungshilfen: Inhaltsangabe

Die zentrale Aussage … umkreist (Dichter) schon in der ersten Strophe, …
Hier stellt er … ins Zentrum.
Von diesem Aspekt führt er in der zweiten Strophe weg und beschreibt stattdessen …
Am Ende nimmt … nochmals seine Idee vom Anfang auf und rundet damit sein Gedicht ab.

Wiederholung Grammatik

Wortarten

Die meisten müssten die Wortarten beherrschen und sie auch entsprechend bei der Interpretation anwenden können.
Hier findest du jetzt die Wortarten-Tabelle, du kannst sie überfliegen, ob du die Fachtermini alle kennst, wenn nicht, bekommst du sie erklärt. Solltest du am Brecht-Gedicht im Kursteil (S. 12 ff.) die Termini nicht einwandfrei anwenden können, musst du unbedingt dank der Tabelle die Wortarten noch schnell in den Kopf bekommen. Mit ihnen kann man relativ leicht bei der Interpretation punkten, auch wenn nur im bescheidenen Maße, das ist klar.

Terminus	Funktion	Beispiele
Artikel	bestimmter Artikel unbestimmter Artikel	der, die, das ein, eine, ein
Substantiv/ Nomen	bezeichnet Gegenstände, Personen und Abstrakta	Stuhl, Fleischer, Gefühl
Adjektiv	bezieht sich auf Substantive und bezeichnet diese näher	der <u>wilde</u> Junge das <u>schüchterne</u> Mädchen
Verb	bezeichnet Tätigkeiten, Vorgänge, Handlungen	Vollverb: spielen, backen, schlafen ➔ Hilfsverb: haben, sein, werden Infinitiv = Grundform Er spielt ➔ spielen Modalverb: können, sollen, wollen, müssen, dürfen, mögen (er möchte) Partizip Präsens: spielend Partizip Perfekt: gespielt, geschlagen
Adverb	bezeichnet nähere Umstände und macht Angaben über Raum und Zeit, Art und Weise eines Verbs bzw. Adjektivs Ein Adverb hat keine Endung!	Adverb ohne Endung: er fährt <u>schnell</u> das <u>sehr</u> schnelle Auto er hat <u>leider</u> keine Zeit (Adjektiv mit Endung: das sehr <u>schnell**e**</u> Auto)
Personal-pronomen	steht für ein Substantiv	ich – mir – mich; er – ihm – ihn; sie – ihr – sie; wir – uns – uns; ihr – euch – euch
Reflexiv-pronomen	bezieht sich auf die gleiche Person zurück	Ich rasiere <u>mich</u>. Du hilfst <u>dir</u>.

Terminus	Funktion	Beispiele
Demonstrativ-pronomen	weist auf eine Person/einen Gegenstand hin; steht vor einem Substantiv oder allein	dieser, diese, dieses; dieser Pullover ➔ den finde ich schön
Possessiv-pronomen	drückt aus, wem eine Person/ ein Gegenstand gehört; steht vor einem Bezugswort oder allein	mein, dein, sein/ihr, unser, euer, ihr mein Fahrrad ➔ meins
Interrogativ-pronomen	fragt nach Personen/Sachen; weitere Fragewörter	Wer? Wessen? Wem? Wen? Was? Welcher? Wie? Wann? Wo?
Relativpronomen	verbindet den Relativsatz mit seinem Beziehungswort im übergeordneten Satz	Manuela, die Fabian liebt, bekommt immer rote Ohren, die leuchten.
Indefinit-pronomen	lässt im Ungewissen, von wem/wovon die Rede ist	Hat ihn jemand gesehen? Irgendwer, irgendjemand, irgendetwas, irgendein …; man, jemand, niemand
Numerale	geben Zahlen oder Mengen an	bestimmte Numerale: eins, zwei, drei, …; erster, zweiter, … letzter; unbestimmte Numerale: einige, einzelne, manche, zahlreiche, viele, alle, wenige, ein paar
Präpositionen		ab, an, auf, gegen, hinter, in, nach, über, bis, seit, um
Konjunktionen (Bindewörter)	verbinden Wörter, Satzglieder, Sätze	und, oder, aber, sondern, denn, sowohl … als auch

Interpretationshilfe: Wortarten

Damit, dass du die im Gedicht entsprechende Wortart nennen kannst, ist noch nicht viel gewonnen. In zweifacher Hinsicht könntest du aber die Wortarten einsetzen:

1. Du untersuchst als **Interpretationshilfe** die verschiedenen Wortarten gezielt und hättest damit schon einen Interpretationsansatz ohne viel Aufstand! Beispielsweise könntest du dir die Adjektive vergleichend ansehen und plötzlich stellst du Veränderungen fest oder du untersuchst die Nomen und überlegst dir, ob eine Konnotation (Beiklang) vorliegt, z. B. Selbstmord/Freitod. Mit den Wortarten zu arbeiten, ist die einfachste und schnellste Form Interpretationsideen zu bekommen.
2. Du **benennst** das interpretierte Wort klar, was dir das Schreiben sehr erleichtert:

Beispiel:
„… nach freiem Entschluß/Wählend ein andres Land“ (Z. 3 f.) kontrastiert deutlich, was Brecht nicht unter „Emigranten“ (Z. 1) versteht. Schon das Adjektiv „frei“ (Z. 3) unterstreicht das Nomen „Entschluß“ (Z. 3), was für Entscheidungsfreiheit und Wahlmöglichkeit (Partizip Präsens: „Wählend“, (Z. 3) steht, genau dies gilt für „Emigranten“ (Z. 1) nicht, was Brecht durch die Verbindung der drei oben genannten Wörter stark intensiviert.
(Zitat aus dem Gedicht dieses Heftes: Bertolt Brecht: „Über die Bezeichnung Emigranten“)

An diesem Beispiel siehst du gut, wie leicht du mit der Benennung der Wortart in das Interpretieren hineinkommst, sonst müsstest du immer schreiben: das Wort „frei“ … das Wort „Entschluß“ usw.
Gleiches gilt natürlich, wenn du die Stilfiguren beherrschst, Beispiel: Die Klimax „zehn, hundert, tausend“ betont …
Das sind ganz einfache Tricks, wie du präzise am Text bleibst und vom Text aus ganz leicht die Interpretation sprachlich auf die Reihe bringst.

Interpretationshilfe: Zeiten
Hier gilt das Gleiche wie bei den Wortarten, du kannst das Gedicht auf die **Zeiten** hin **untersuchen** und vielleicht so auf Unterschiede stoßen, die du interpretieren kannst. Hier ein Beispiel zur Verdeutlichung:
- Präteritum: Vor zehn Jahren wurde ich Lehrer.
- Perfekt: Vor zehn Jahren bin ich Lehrer geworden.
- (historisches) Präsens: Seit zehn Jahren unterrichte ich.

Das **Präteritum** betont den Abschluss einer Handlung, in dem Beispiel hier die Einstellung durch die Behörde.
Das **Perfekt** verbindet Vergangenheit und Gegenwart: Denn, noch heute bin ich Lehrer.
Mit Präsens wird von der Gegenwart aus alles betrachtet, also der Rückblick.
Das sind wieder kleine Tricks, worauf du achten kannst und plötzlich ganz neue Dinge entdeckst, und zwar selbständig.

Fach-Terminus	Aktiv	Passiv
Präsens	Ich schlage.	Ich werde geschlagen.
Präteritum	Ich schlug.	Ich wurde geschlagen.
Perfekt	Ich habe geschlagen. Ich bin gerannt.	Ich bin geschlagen worden.
Plusquamperfekt	Ich hatte geschlagen. Ich war gerannt.	Ich war geschlagen worden.
Futur I	Ich werde schlagen.	Ich werde geschlagen werden.
Futur II	Ich werde geschlagen haben.	Ich werde geschlagen worden sein.

Kurs 1 Vorbereitung

Wir wenden uns zunächst den vorbereitenden Schritten der Gedichtanalyse zu: Dazu gehört die Einleitung und die Inhaltsangabe.

Tipp: Schreibe die Einleitung erst, wenn die Inhaltsangabe steht, dann kennst du genau den Inhalt und kannst dann entsprechend schnell eine Zusammenfassung schreiben. Beginne erst danach, das Gedicht auf formale Eigenschaften und die Gestaltung der Sprache genauer zu untersuchen.

Bertolt Brecht: **Über die Bezeichnung Emigranten (1937)**

1 Immer fand ich den Namen falsch, den man uns gab: Emigranten.
Das heißt doch Auswandrer. Aber wir
Wanderten doch nicht aus, nach freiem Entschluß
Wählend ein andres Land. Wanderten wir doch auch nicht
Ein in ein Land, dort zu bleiben, womöglich für immer.
Sondern wir flohen. Vertriebene sind wir, Verbannte.
Und kein Heim, ein Exil soll das Land sein, das uns da aufnahm.

Unruhig sitzen wir so, möglichst nahe den Grenzen
Wartend des Tags der Rückkehr, jede kleinste Veränderung
Jenseits der Grenze beobachtend, jeden Ankömmling
Eifrig befragend, nichts vergessend und nichts aufgebend
Und auch verzeihend nichts, was geschah, nichts verzeihend.
Ach, die Stille der Sunde täuscht uns nicht! Wir hören die Schreie

Aus ihren Lagern bis hierher. Sind wir doch selber
Fast wie Gerüchte von Untaten, die da entkamen
Über die Grenzen. Jeder von uns
Der mit zerrissenen Schuhn durch die Menge geht
Zeugt von der Schande, die jetzt unser Land befleckt.
Aber keiner von uns
Wird hier bleiben. Das letzte Wort
Ist noch nicht gesprochen.

Aus Bertolt Brecht: Große kommentierte Berliner und Frankfurter Ausgabe in 12 Bänden. Gedichte 2. Suhrkamp Verlag, Frankfurt/M. 1988, S. 81.

Aufgabenstellung
Mache dir Randnotizen (Auffälligkeiten, eigene Ideen)
Verfasse eine Inhaltsangabe [15' Formulierung der Inhaltsangabe]
Schreibe die Einleitung [5' Formulierung der Einleitung]

Jetzt wirst du Schritt für Schritt durch die einzelnen Aufgabenstellungen geführt.

Inhaltsangabe und Einleitung

1 **Unterstreiche mit blauer Farbe die wichtigen *inhaltlichen Wörter* in der ersten Strophe.**

2 **Schreibe in Strophe 1 mit roter Farbe deine Assoziationen (Auffälligkeiten, Ideen) und aus deiner Sicht *Wichtiges für die spätere Interpretation* sofort an den Rand, auch wenn du sie im Moment noch nicht brauchst.**

3 **Nimm einen gelben Marker und markiere dir in Strophe 1 nur 2–3 *Schlüsselwörter*, lege den Text ein wenig weg von dir und schaue nur auf die 2–3 markierten Wörter und mache aus ihnen 1–2 Sätze, ohne zu sehr auf die Textformulierungen zu achten, sodass du verkürzend formulieren kannst.**

Die Inhaltsangabe zur ersten Strophe könnte so aussehen:

Schon in der ersten Strophe kontrastiert Brecht „Auswandrer" (Z. 2) mit „Vertriebene[n]" (Z. 6), um dadurch auf den falschen Gebrauch des Wortes „Emigranten" (Z. 1) hinzuweisen und durch diese Differenzierung die Unfreiheit, hier konkret die Vertreibung, zu betonen, gleichzeitig aber auch die Absehbarkeit des erzwungenen Aufenthalts.

Gehe **Strophe für Strophe** entsprechend durch.

Tipp: Überprüfe die Zeitform (Präsens!) und überlege dir, ob dein Freund oder deine Freundin, dem/r du im Geist diesen Text vorliest, den Inhalt des Gedichtes verstehen würde.

4 **Bearbeite nun wie in den Aufgaben 1 bis 3 die 2. und 3. Strophe und formuliere eine Inhaltsangabe.**

Unruhig sitzen wir so, möglichst nahe den Grenzen
Wartend des Tags der Rückkehr, jede kleinste Veränderung
Jenseits der Grenze beobachtend, jeden Ankömmling
Eifrig befragend, nichts vergessend und nichts aufgebend
Und auch verzeihend nichts, was geschah, nichts verzeihend.
Ach, die Stille der Sunde täuscht uns nicht! Wir hören die Schreie

____

____

____

Aus ihren Lagern bis hierher. Sind wir doch selber
Fast wie Gerüchte von Untaten, die da entkamen
Über die Grenzen. Jeder von uns
Der mit zerrissenen Schuhn durch die Menge geht
Zeugt von der Schande, die jetzt unser Land befleckt.
Aber keiner von uns
Wird hier bleiben. Das letzte Wort
Ist noch nicht gesprochen.

____

____

____

Wenn die **Inhaltsangabe** steht, fang die **Einleitung** an.

5 Notiere notwendige Stichwörter und verfasse eine Einleitung.

Stichwörter: ______________________________

____

____

____

____

Einleitung: ______________________________

____

____

____

____

SOS: Ich kann es mir nicht merken!

Du bist aufgeregt und nervös, morgen soll ja die Klausur zur Gedichtinterpretation steigen, du bekommst gerade nichts in deinen Kopf. Hier eine Methode, wie du dir die Fakten und Teile des Interpretationsaufsatzes besser merken kannst.

Du stellst dir deinen Körper vor. Du verbindest der Reihenfolge nach immer einen Schritt mit einem Körperteil von dir und überlegst zu jedem Körperteil irgendeine leicht zu merkende Verbindung (Mini-Geschichte) zu deiner Vorgehensweise oder Gliederung.

Hier die **Körperliste**.

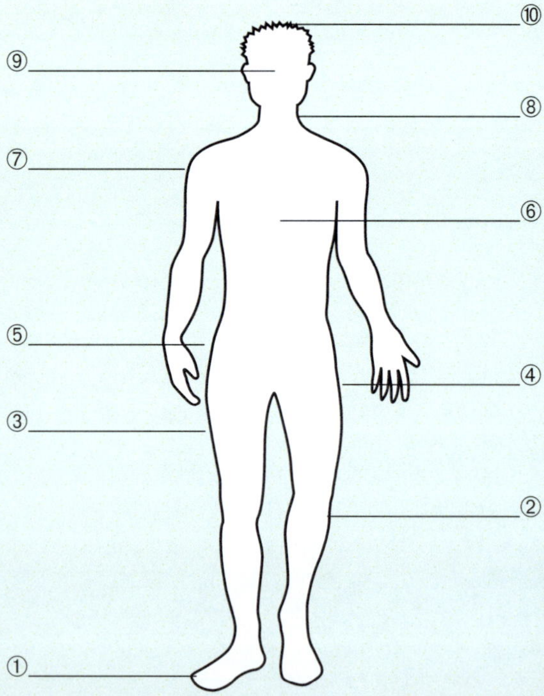

Ich nummeriere die Körperliste schnell für dich durch und dann gebe ich dir noch ein Beispiel.

1. Fuß ______________________________

____

2. Knie ______________________________

____

3. Oberschenkel ______________________________

____

4. Gesäß ______________________________

____

5. Taille ______________________________

____

6. Brust ______________________________

____

7. Schulter ______________________________

____

8. Hals ______________________________

____

9. Gesicht ______________________________

____

10. Haar ______________________________

____

Beispielsweise 1. Fuß: der **Dichter**, auf ihm **fußt** das ganze Gedicht und der eine Zeh ist dessen Zeit und der andere Zeh die Epoche. Am besten schreibst du dir in Stichworten alles kurz auf und dann spielst du die Körperliste auswendig mehrfach durch, dank deiner Mini-Geschichten kannst du es dir leicht merken.

Bertolt Brecht: **Schlechte Zeit für Lyrik** (1939)

1 Ich weiß doch: nur der Glückliche
Ist beliebt. Seine Stimme
Hört man gern. Sein Gesicht ist schön.

Der verkrüppelte Baum im Hof
Zeigt auf den schlechten Boden, aber
Die Vorübergehenden schimpfen ihn einen Krüppel
Doch mit Recht.

Die grünen Boote und die lustigen Segel des Sundes
Sehe ich nicht. Von allem

Sehe ich nur der Fischer rissiges Garnnetz.
Warum rede ich nur davon
Daß die vierzigjährige Häuslerin gekrümmt geht?
Die Brüste der Mädchen
Sind warm wie ehedem.

In meinem Lied ein Reim
Käme mir fast vor wie Übermut.

In mir streiten sich
Die Begeisterung über den blühenden Apfelbaum
Und das Entsetzen über die Reden des Anstreichers.
Aber nur das zweite
Drängt mich, zum Schreibtisch

Aus Bertolt Brecht: Große kommentierte Berliner und Frankfurter Ausgabe. Hrsg. v. W. Hecht, J. Knopf u. a. Suhrkamp, Frankfurt/M 1993, Bd. 14, S. 432.

1 Erster Schritt [10']: Du erinnerst dich an den Fragenkatalog im Wissensteil? Diesen wendest du jetzt selbständig an. Wichtig ist, dass du diesen Fragenkatalog auch anwenden kannst, und das übst du jetzt an diesem Gedicht! Stelle dir alles sehr bildhaft vor: schönes Gesicht, verkrüppelter Baum, Brecht am Schreibtisch usw.
Wende den Fragenkatalog auf das Gedicht an. Notiere Stichwörter.

2 Zweiter Schritt [20']: Markiere zentrale Wörter und formuliere Inhaltsangabe und Einleitung.

Wenn du das hast, hast du alle Punkte unseres Klausurlotsen erfüllt, Glückwunsch!

1 **Schreibe in Stichworten auswendig deine Vorgehensweise zu Beginn der Klausur auf.**

____

____

____

____

2 **Nenne die Wortart vor der Zahl.**

Wir (1) hören (2) die (3) Schreie (4) aus (5) ihren (6) Lagern bis hierher (7). Sind (8) wir doch selber fast wie Gerüchte von Untaten, die (9) da (10) entkamen über (11) die Grenzen. Jeder (12) von uns, der (13) mit zerrissenen (14) Schuhn durch die Menge geht, zeugt von der Schande, die (15) jetzt (16) unser (17) Land befleckt (18).

1 Personalpronomen	10 ______
2 ______	11 ______
3 ______	12 ______
4 ______	13 ______
5 ______	14 ______
6 ______	15 ______
7 ______	16 ______
8 ______	17 ______
9 ______	18 ______

3 **Nenne die Zeit vor der Zahl.**

Nachdem Brecht in Dänemark angekommen war (1), musste er sich zunächst um eine Bleibe kümmern (2). Es war ihm wichtig gewesen (3), in Grenznähe sein Exil zu wählen. So haben ihm immer wieder Leute berichtet (4), was in Deutschland geschehen ist (5), wie mit ihnen umgegangen worden ist (6). Dieses Leid der Menschen beschäftigte Brecht ungemein (7), er identifizierte sich mit den Betroffenen (8), war er doch selber vertrieben worden (9). Doch Brecht war sich sicher: „Ich werde in ein freies Deutschland zurückkehren (10)."

1 Aktiv/Plusquamperfekt	6
2	7
3	8
4	9
5	10

4 a) Nenne die notwendigen vier Teile einer Einleitung

b) Was könntest du noch hinzufügen?

5 Welche Fehler werden bei einer Inhaltsangabe oft gemacht und wie kann ich sie vermeiden?

Klausurlotse:

Erste Schritte – Einleitung – Inhaltsangabe – **äußere Form** – **Stropheninterpretation** – **Gesamtüberblick** – Biografie – Epoche – Schluss – Durchlesen

Das Interpretieren erfolgt in folgenden Schritten:

Schritt 1: Erster Eindruck
Schritt 2: Äußere Form
Schritt 3: Textgestaltung
Schritt 4: Interpretation einzelner Abschnitte/Strophen des Gedichts/Randnotizen
Schritt 5: Gedichtinterpretation/Formulierung
Schritt 6: Gesamtüberblick

Wir gehen jetzt gemeinsam die oben genannten Punkte durch. Im Teil „Kurs" werden die Aspekte wieder aufgegriffen, ausführlicher dargestellt und natürlich auch angewandt. Wenn es dir hier zu schnell geht, bekommst du noch im Teil „Kurs" eine zweite Chance! Was wir jetzt gemeinsam machen, ist zentral für die gesamte Gedichtinterpretation!
Die Formulierungshilfen sind ganz einfach gestrickt, sodass dir sofort die Richtung klar wird.

Schritt 1: Erster Eindruck
Wie lautet der Titel und was für ein Thema wird behandelt?
Zunächst verschaffst du dir einen Überblick, worum es in dem Gedicht geht.

Formulierungshilfe: Erster Eindruck
In dem Gedicht mit dem Titel …
Darin geht es um …

Schritt 2: Äußere Form
Äußere Form: Wie sieht das Druckbild aus? Wie viel Strophen gibt es? Gleiche Zeilenzahl? Dazu zählt dann auch das Reimschema, Metrum, auffällige Satzwiederholungen.
Zu deiner Beruhigung: Wir gehen ja Schritt für Schritt vor. Reim und Metrum kommen erst im zweiten Teil und spielen bei dem Brecht-Gedicht keine Rolle. Jetzt geht es nur um das Verständnis des Aufbaus der Klausur.

Formulierungshilfen: Äußere Form
Formal betrachtet fällt an diesem Gedicht sofort auf, dass …
Das Gedicht gliedert sich in …
Schon beim ersten Betrachten fällt das Druckbild ins Auge. Es zeigt …

Schritt 3: Textgestaltung

Es sind wieder „erste Schritte", nur diesmal nicht für Inhaltsangabe und Einleitung, das haben wir ja bereits, sondern für die Stropheninterpretation. Im Zentrum stehen interpretatorische Aspekte. Die Stilfiguren wurden bewusst weggelassen; diese werden in Einheit 5 ausführlich dargestellt, im Augenblick zunächst eher einfache Schritte für die Textbeobachtung.

Hier ein Fragenkatalog dazu:

- Gibt es bei der Gedichtgliederung eine Logik, z. B. nach Ort, Zeit, Personen?
- Wie ist das Verhältnis von Überschrift zu Gedicht, was verrät die Überschrift bereits über das Gedicht?
- Gibt es ein lyrisches Ich und wie definiert es sich?
- Welche Metaphern und Bilder werden benutzt?
- Wie sieht es mit Auffälligkeiten bei der Grammatik aus? Kommen bestimmte Wortarten häufiger vor?

Hier kannst du auf die Wörter vertiefend eingehen, du weißt sie leicht zu benennen, da du die Wortarten gelernt hast. Das ist die einfachste Form, wie du bei der Stropheninterpretation vorankommen kannst. Nochmals: Schau dir die einzelnen Wörter genau an, warum sind sie so gewählt, das ist kein Zufall!

Schritt 4: Interpretation einzelner Strophen/Randnotizen

Die Interpretation der Strophen ist nur möglich, wenn du dir die Mühe einer intensiven Textbeobachtung gemacht hast, sonst gleicht deine Gedichtinterpretation einem „Hausbau", bei dem die Steine fehlen!

Zur Erleichterung der Stropheninterpretation einige Fachausdrücke:

Parataxe: meist nur ein kurzer, klarer Satz (klingt einfach), mögliche Interpretation: klare, intensive Aussage

Hypotaxe: Satz mit mehreren Nebensätzen und Einschüben (klingt kompliziert), mögliche Interpretation: Vertuschen der Wahrheit durch viele Worte, bewusste Anlehnung an antike Sprachmuster, gibt den Worten einen „erhabenen" Sinn

Attribut: erklärt ein Nomen näher, z. B. *nach* ***freiem*** *Entschluss*

Inversion: Wortumstellung zur Betonung (*ich verzeihe nichts,* ***nichts*** *verzeihe ich*)

Pathos: leidenschaftlich-bewegter Ausdruck, feierliche Ergriffenheit

Interjektion: Ausruf, Empfindungswort (*ach, au, bäh, wow*)

Retardieren: verzögern

Schritt 5: Gedichtinterpretation/Ausformulieren

Zum Schluss des Hauptteils deiner Klausur fasst du nun alle Ergebnisse der Schritte 1 bis 4 zusammen. Achte dabei darauf, dass du zwischen den einzelnen Schritten Überleitungen schreibst, damit ein roter Faden entsteht. Also nicht schreiben: „Und dann finden wir dies … und dann gibt es noch das …"

Schritt 6: Gesamtüberblick

Du betrachtest jetzt das Gedicht von oben, wie von einem Turm herab. Mit Pfeilen verbindest du im gesamten Gedicht einzelne Teile, Wörter oder ganze Sätze und überlegst dann, ist die Bedeutung der Wörter geblieben, hat sich etwas verändert, definiert ein Wort ein anderes usw.? Jetzt interpretierst du den gesamten Text und bindest dann den Interpretationssack zu!

Hier wieder ein paar Hinweise:

- **Anfang/Ende:** (parallel?/Entwicklung?/Antithetik?)
- **Satzwiederholungen vergleichen:** Hat die Aussage des Satzes ihre Bedeutung behalten oder verändert?
- **Häufung von Nomen, 1. Pers. Sg. ... im Gesamtkontext interpretieren:** Beispielsweise, kommt das lyrische Ich in einem Teil besonders gehäuft vor, im anderen jedoch nicht. Überlege dir, wie du das gehäufte Vorkommen des lyrischen Ichs in einer Strophe interpretieren kannst, während das lyrische Ich in einer anderen Strophe nicht genannt wird.

→ Hier Tendenz zu abrundenden Aussagen zum Gedicht.

Formulierungshilfen: Gedichtinterpretation

Betrachtet man jedoch das Gedicht in seiner Gesamtheit, so fällt auf, dass ...
Ganz neue Interpretationsansätze ergeben sich jedoch beim Betrachten des Gedichtes als Gesamtwerk ...

Zitieren / Zitate integrieren

Nur ganz kurz, denn die Zitiertechnik müsstest du grundsätzlich beherrschen:

1. Baue nur **wenige Wörter in deine Interpretation** ein, also trenne Zitate und Interpretation nach Möglichkeit nicht, sonst liest sich deine Interpretation extrem langweilig!
2. Du musst das **Zitat an den Satzbau** deiner Interpretation **angleichen**, das heißt, du musst teilweise das Zitat verändern. Dies signalisierst du mit dem veränderten Buchstaben in eckige[r] Klammer. Wenn du Wörter auslässt, markierst du das mit einer Klammer ( ) oder (...). An dieser Stelle hast du ein Wort oder Wörter herausgenommen.

Wenn du ein Wort des Zitates an einer anderen Stelle im Zitatsatz einsetzt und/oder veränderst, dann setzt du das Wort in eckige Klammer:

„... die (...) [ü]ber die Grenzen [entkommen]“ (Z. 15 f.)
Originalzitat: *die da entkamen / Über die Grenzen*

! ***Grundregel:** Wenn du deine Interpretation deinem Freund oder deiner Freundin vorliest, darf er/sie nicht merken, wo dein Zitat integriert ist, so lückenlos muss es in deinem Satz verfugt sein, von dem unterschiedlichen früheren Zitat darf nichts mehr übrig sein (weder sichtbar noch hörbar!).*

Bertolt Brecht: **Über die Bezeichnung Emigranten (1937)**

Immer fand ich den Namen falsch, den man uns gab: Emigranten.
Das heißt doch Auswandrer. Aber wir
Wanderten doch nicht aus, nach freiem Entschluß
Wählend ein andres Land. Wanderten wir doch auch nicht
Ein in ein Land, dort zu bleiben, womöglich für immer.
Sondern wir flohen. Vertriebene sind wir, Verbannte.
Und kein Heim, ein Exil soll das Land sein, das uns da aufnahm.

Unruhig sitzen wir so, möglichst nahe den Grenzen
Wartend des Tags der Rückkehr, jede kleinste Veränderung
Jenseits der Grenze beobachtend, jeden Ankömmling
Eifrig befragend, nichts vergessend und nichts aufgebend
Und auch verzeihend nichts, was geschah, nichts verzeihend.
Ach, die Stille der Sunde täuscht uns nicht! Wir hören die Schreie

Aus ihren Lagern bis hierher. Sind wir doch selber
Fast wie Gerüchte von Untaten, die da entkamen
Über die Grenzen. Jeder von uns
Der mit zerrissenen Schuhn durch die Menge geht
Zeugt von der Schande, die jetzt unser Land befleckt.
Aber keiner von uns
Wird hier bleiben. Das letzte Wort
Ist noch nicht gesprochen.

Aus Bertolt Brecht: Große kommentierte Berliner und Frankfurter Ausgabe in 12 Bänden. Gedichte 2. Suhrkamp Verlag, Frankfurt/M. 1988, S. 81.

Schritt 1: Erster Eindruck [3']:

1 **Verschaffe dir zunächst einen Überblick und notiere. Wie lautet der *Titel*? Was ist das *Thema*?**

Schritt 2: Äußere Form [15']

2 **Untersuche das Gedicht unter den folgenden Aspekten. Die Aspekte gehen bewusst weit über das hinaus, was du für das Gedicht brauchst, dafür kannst du diesen Fragenkatalog auf viele andere Gedichte übertragen.**

a) **Notiere in Stichworten.**

- Wie viel **Strophen**? (Gerade oder ungerade Zahl, bei ungerader lässt sich leicht ein Zentrum finden, was vielleicht Bezug nach oben und unten hat.)

- Gibt es ein **Zentrum**? (Mittelstrophe, liegt hier eine zentrale Aussage vor, kombiniere dann interpretierend äußere Form und Inhalt)

- Haben die Strophen alle die **gleiche Zeilenzahl**? (Wenn ja, ist das nur eine Aussage wert, wenn nein, wirst du dir überlegen, ob die Unterschiedlichkeit sich interpretieren lässt, z. B. die längere Strophe für einen längere Zeit steht, für eine zentrale Aussage oder gerade das Gegenteil: für Langeweile.)

- Liegt eine **metrische Struktur** vor? Welche? (Zunächst einmal probieren, ob du einen Rhythmus beim Lesen hineinbringst. Wenn ja, dann halblaut betont / unbetont lesen. Die Fachbegriffe Jambus, Trochäus usw. werden erst in Einheit 5 genauer erläutert, um dich im ersten Teil kurz vor der Klausur nicht zu überfordern.)

- Wenn nein, warum nicht (Brecht gibt dazu eine Antwort!)

- Liegt ein **Reimschema** vor? Welches? (Du schaust, ob am Ende der Zeile die Wörter sich reimen, und zwar an welcher Stelle. Jetzt kannst du dir ohne Fachbegriffe schon überlegen, ob die Reimwörter inhaltlich zueinanderpassen oder genau nicht passen, es gar zu einem Stilbruch kommt; das lässt sich dann gut interpretieren.)

- Wenn nein, warum nicht (Brecht gibt dazu eine Antwort!). Die Fachbegriffe dazu findest du in Fitness-Einheit 5.

- **Wiederholt** sich ein **Satz**? Welcher? (Da lässt sich dann viel herausholen: Wenn sich ein Satz wiederholt, so ist dieser vermutlich extrem wichtig, und schon bist du für die Interpretation bei einer zentralen Aussage.)

- **Wo** steht dieser **Satz**? (Steht der wiederholte Satz am Ende, könnte eine Wegstruktur gemeint sein, die hier zu einem Ende kommt? Dann stelle den Gegensatz zum ersten Satz her, vielleicht liegt genau hier der Beginn des Weges.)

- Gibt es **Parallelen** bzw. **Unterschiede** zwischen erster und letzter Strophe? (Es ist alles gleich geblieben, also kein Entwicklungsprozess oder genau das Gegenteil. Hier lässt sich leicht einiges finden.)

b) **Formuliere aus den Stichworten einen Text auf einem Extrablatt.**

Schritt 3: Textgestaltung [15']

3 **Untersuche nun den Inhalt des Brecht-Gedichts genauer. Notiere in Stichworten. Auch diese Aspekte gehen über das bereits Gelernte hinaus und holen dich bei deinen Kenntnissen ab. Wie in der Realität einer Interpretation ist auch hier nicht jeder Aspekt auf das Brecht-Gedicht anwendbar.**

- Wie ist das Gedicht inhaltlich **gegliedert**? Aus wie viel Teilen besteht es? Kann man die Gliederung zu einem logischen System verbinden, z.B. nach Ort, Zeit, Personen? Besteht eine Parallelität zwischen Anfang und Ende? Wird am Anfang begonnen, was am Ende beendet wird?

- Passt die **Überschrift** zu dem Gedicht?

- Gibt es ein **lyrisches Ich** (1. Pers. Sg.)? Wo steht es? ➔ Markiere! In welcher Grammatikstruktur kommt es vor? Subjekt / Objekt / Possessivpronomen ... Wo tritt es gehäuft auf, warum?

- Könnte das **lyrische Ich** mit dem **Dichter** identisch sein? Wie definiert sich das lyrische Ich in dem Gedicht?

- Liegt eine **antithetische Struktur** vor in der Wortwahl, in den gewählten Bildern? Welche **Metaphern** werden warum benutzt?

- Welche **Konnotationen** (Beiklang/Assoziationen zu den Wörtern) haben die einzelnen Wörter? Sind sie positiv oder negativ besetzt und wie werden sie hier gebraucht?

- Liegt ein **Enjambement** (Zeilensprung) vor? Gibt es dabei eine Interpretationslogik?

- **Auffälligkeiten in der Grammatik:** best./unbest. Artikel, Possessivpronomen, gehäufte Nomen (Repräsentanten von Ideen/Symbolen ...), auffällige Verben (positiv/negativ, intensiv/schwach, Assoziationen beim Leser), differenziertes Benutzen von Adjektiven und Adverbien (möglicherweise Tabelle sinnvoll, ändern sich Farben, haben Adjektive eine bestimmte Tönung: blutrot, totenstill ...), Inversion (Warum? Was wird dadurch betont?)

- **Klanggestaltung:** Assonanzen/Alliterationen, Reimwörter (➔ interpretatorisch deutbar?)

- Kommt ein **wichtiges Wort** mehrfach vor ➔ farbig markieren. Ist dieses ein **Schlüsselwort**?

- Gibt es in der **Zeit** Unterschiede? Wo liegt ein Zeitenwechsel, was könnte dafür der Grund sein? Präsens/Präteritum/Perfekt.

- Welche **Satzstruktur** liegt vor? (Hypotaxe / Parataxe)

- Welche **Stilfiguren** fallen mir sofort auf? Was ist ihre Funktion im Gedicht?

- Gibt es **Motive**, die zusammen ein Thema ergeben?

- Gibt es einen Gegenstand, an dem sich vieles festmachen lässt oder der ein **Symbol** darstellt? ➔ markieren

- Welche Bedeutung hat die **Natur**? Ist sie in Harmonie mit den Personen oder im Kontrast? Treten bestimmte Tiere oder Pflanzen auf? Warum gerade diese, welche Bedeutung kann man ihnen geben?

- Welche Bedeutung hat die **Gesellschaft**? Wie steht das lyrische Ich zu ihr? Gibt es mehrere Gesellschaften / Gruppen? Wie sind sie definiert? Wie definieren sie sich durch die Wortwahl im Gedicht? Liegt eine Antithetik vor?

Tipp: Du kannst schon beim ersten Lesen alle Beobachtungen am Rand notieren, was dir ein- und auffällt, ohne Rücksicht darauf, ob du es im Augenblick brauchen kannst. Das weißt du ja im Voraus nicht. Möglich ist aber auch, erst einmal das Gedicht auf sich wirken zu lassen, also es mehrfach ohne zu unterstreichen und Notizen durchzulesen, und erst dann Notizen zu machen.

Exkurs: Untersuchung: das lyrische Ich

Wie schon der Name sagt, steht das lyrische Ich in der 1. Person Singular/(Plural). Es kann als Personalpronomen *(Ich)*, als Possessivpronomen *(mein)*, Personalpronomen / Subjekt (*ich* helfe), Personalpronomen / Objekt (*mir* wird geholfen) auftreten.
Das lyrische Ich nicht vorschnell mit dem Dichter gleichsetzen! Das lyrische Ich ist zunächst der Sprecher oder, anders ausgedrückt, das empfindende, aussagende Subjekt im Gedicht, mehr auch nicht!

4 Untersuche und notiere in Stichworten.
a) Wie charakterisiert das lyrische Ich sich selbst?
b) Wie ist die seelische Lage des lyrischen Ichs?
c) Wie ist sein Verhältnis zur Außenwelt (Gesellschaft)/zur Welt/zur Natur und wie sieht es folglich die Außenwelt? (Harmonie/Disharmonie)

Schritt 4: Stropheninterpretationen [insgesamt 30' mit Textbeobachtung]

5 Notiere dir Interpretationsideen zu einzelnen Stichwörtern aus Schritt 2 und 3.
Mögliche Stichwörter sind in der ersten Strophe nummeriert, weitere Schlüsselwörter für Interpretationsanlässe sind im Text hervorgehoben.
Zunächst ein Muster, dann folgen zwei Übungen zum eigenen Anwenden.

Immer fand ich den Namen falsch (2), den man (3) uns gab: Emigranten (4).
Das heißt doch Aus**wandrer** (5). Aber (6) wir
Wanderten doch nicht aus, nach freiem Entschluß (7)
Wählend ein andres Land. **Wanderten** wir doch auch nicht
Ein in ein Land, dort zu bleiben, womöglich für immer.
Sondern (8) wir flohen. **Vertriebene** <u>sind wir</u>, **Verbannte** (9).
Und kein Heim, ein Exil (10) **soll** das Land sein, das uns da aufnahm.

1: Überschrift und 1. Zeile problematisieren den Begriff „Emigranten".
2: Brecht verwehrt sich gegen einen Begriff von außen.
3: Indefinitpronomen: Täter unklar.
4: Emigrant: Brecht wehrt sich gegen diesen Begriff.
5: Begriff wird übersetzt, Wortspiel mit „wandern".
6: betont einen Gegensatz (adversativ).
7: Freiheit definiert „Emigranten".
8: erneuter Gegensatz zum „freien Entschluß"/Beschreibung der Realität.
9: „Verbannte" fasst die Realität.
10: Brechts Definition des Aufenthaltortes.

a) Fülle die Zeilen entsprechend aus.

Unruhig (1) sitzen wir so, möglichst **nahe den Grenzen**
Wartend des Tags der Rückkehr (2), jede kleinste Veränderung
Jenseits der Grenze beobachtend, jeden Ankömmling (3)
Eifrig befragend (3), **nichts** vergessend und **nichts** aufgebend
Und auch verzeihend (4) **nichts**, was geschah, **nichts** verzeihend (4).
Ach, die Stille der Sunde täuscht uns **nicht**! Wir hören die Schreie (5)

1: __________

2: Genitiv (2. Fall) mit Genitivattribut
(der Rückkehr/verdeutlicht den Tag, also Rückkehr-Tag)

3: __________

4: __________

5: __________

weitere Beobachtungen (siehe Hervorgehobenes):

____

____

____

____

b) Nummeriere selbst und hebe hervor.

Über die Grenzen. Jeder von uns
Der mit zerrissenen Schuhn durch die Menge geht
Zeugt von der Schande, die jetzt unser Land befleckt.
Aber keiner von uns
Wird hier bleiben. Das letzte Wort
Ist noch nicht gesprochen.

____

____

____

____

Schritt 5: Gedichtinterpretation / Formulierung [60′]

6 **Formuliere nun aus deinen Stichwörtern zu deinen Textbeobachtungen und der Gesamtschau (Schritte 2 bis 4) die Interpretation.**

a) **Wie gehen wir gemeinsam vor? Es beginnt mit einem Vorschlag einer Interpretation der 1. Strophe. Dir ist bewusst, dass es sich nur um einen Vorschlag in meiner Sprache handelt. Du formulierst in deiner Sprache und hast vielleicht ganz andere Dinge herausgefunden, die genau so richtig sind! Ich will dir helfen nicht mich zu kopieren, sondern deinen eigenen Weg, deine eigenen Beobachtungen, deine eigene Interpretation, auch in sprachlicher Hinsicht, zu finden.**

Also, wir fangen mit einem Interpretationsvorschlag für die erste Strophe an, du kannst dich an ihm warmlaufen!

Titel und Strophe 1

Der Titel „Über die Bezeichnung Emigranten (1937)“ hat seine Entsprechung in der ersten Zeile, schon hier verwirft Brecht den Begriff „Emigranten“ (Z. 1) als Bezeichnung, die „man [den Flüchtenden] gab“ (Z. 1). Diese Aussage wird verstärkt durch die Inversion, die das Adverb „immer“ (Z. 1) gleich an den Beginn des Satzes stellt. „Immer fand ich den Namen falsch“ (Z. 1). Der folgende Relativsatz „... den man uns gab“ (Z. 1) verzögert noch immer die Auflösung, um welchen Begriff es gehe, und verweist zusätzlich darauf, dass es ein den Flüchtenden angehefteter sei, wobei das Indefinitpronomen „man“ (Z. 1) die Nichtfassbarkeit der Täter betont. Erst jetzt, am Ende der ersten Zeile, fällt das Wort „Emigrant[ ]“ (Z. 1), das sofort als „Auswandrer“ (Z. 2) übersetzt wird. Dieses Wort wird sprachlich in dem trennbaren Verb „auswandern“ wieder aufgenommen, um in einem Sprachspiel zwischen „auswandern“ und „einwandern“ zu zeigen, wovon Brecht sich abgrenzt. Diese Abgrenzung wird zusätzlich in dem adversativen „Aber“ (Z. 2) als Satzbeginn noch weiter unterstrichen. Das positiv besetzte „Aus- und Einwandern“ umschließt den Einschub „nach freiem Entschluß / Wählend ein andres Land“ (Z. 3 f.) und definiert damit, was Brecht unter „Auswandrer“ (Z. 2) versteht und weswegen er „Emigrant“ als Fremdwort für „Auswanderer“ für sich und sein Umfeld nicht akzeptiert. Das Pathos, das das Partizip Präsens „Wählend“ (Z. 4), das zwischen „freiem Entschluß“ (Z. 3) und „andres Land“ (Z. 4) steht, folglich in Satzstellung und Inhalt nochmals die Freiheit der Wahl betont widerspiegelt, wird durch das folgende adversative „Sondern“ (Z. 6) zerstört; aus der Hypotaxe oben wird die parataktische Aussage „Sondern wir flohen“ (Z. 6). Die Parataxe steht in ihrer Klarheit, Kompromisslosigkeit und Härte der Hypotaxe einer Auswanderung aus freien Stücken kontrastierend gegenüber. Die Aussage wird folglich nicht nur lexikalisch getroffen, sondern auch semantisch. Dies betont auch die Inversion „Vertriebene sind wir, Verbannte“ (Z. 6); beide Nomen, in denen eine Alliteration anklingt, umrahmen sprachlich die Betroffenen („... sind wir ...“ Z. 6) und definieren damit schon in der Wortstellung das Schicksal der Flüchtenden. Dieses Schicksal der „Vertriebene[n]“ (Z. 6) wird in der letzten Zeile der ersten Strophe bewusst angenommen: „Und kein Heim, ein Exil soll das Land sein, das uns da aufnahm“ (Z. 7). Das Modalverb „sollen“ unterstreicht den Willen der Flüchtenden, das aufnehmende Land nicht zu einem „Heim“ (Z. 7), einem Ort der Geborgenheit, einem Ort der Dauer zu machen, sondern es nur als „Exil" (Z. 7), als zeitlich bemessene Durchlaufstation, zu akzeptieren.

b) **Formuliere deine Interpretation zur zweiten und dritten Strophe auf einem Extra-Blatt. Schau jetzt nicht, auch wenn es dir äußerst schwerfällt, gleich bei der Lösung nach. Und wenn du wegen der morgigen Klassenarbeit total in Panik bist, dann mache die zweite Strophe selbst und spicke dann die dritte. Kompromiss zur Freundschaft?**

Schritt 6: Gesamtüberblick [15']
Hast du es bis hierher gepackt? Kannst du noch?
Diese 2. Fitness-Einheit war hart und zeitintensiv, aber sie hat dich exakt an die Realität herangeführt, die dich in der Klausur erwartet. Du hast jetzt den härtesten Teil hinter dir, das beruhigt doch, oder?

Auf, nochmals alle Kräfte zum Endspurt bei der 2. Fitness-Einheit zusammennehmen!
Du rundest den Hauptteil der Interpretation damit ab, dass du das ganze Gedicht von „oben" betrachtest, also jetzt nicht mehr Zeile für Zeile, sondern es geht um eine Gesamtschau.

7 **Formuliere jetzt einen Gesamtüberblick beim Betrachten der drei Strophen. Nimm deine Stichwörter aus den Schritten 2 bis 3 zur Hilfe.**

Tipp: Wie beginnt das Gedicht, wie endet es?

Bertolt Brecht: **Schlechte Zeit für Lyrik** (1939)

Ich weiß doch: nur der Glückliche
Ist beliebt. Seine Stimme
Hört man gern. Sein Gesicht ist schön.

Der verkrüppelte Baum im Hof
Zeigt auf den schlechten Boden, aber
Die Vorübergehenden schimpfen ihn einen Krüppel
Doch mit Recht.

Die grünen Boote und die lustigen Segel des Sundes
Sehe ich nicht. Von allem

Sehe ich nur der Fischer rissiges Garnnetz.
Warum rede ich nur davon
Daß die vierzigjährige Häuslerin gekrümmt geht?
Die Brüste der Mädchen
Sind warm wie ehedem.

In meinem Lied ein Reim
Käme mir fast vor wie Übermut.

In mir streiten sich
Die Begeisterung über den blühenden Apfelbaum
Und das Entsetzen über die Reden des Anstreichers.
Aber nur das zweite
Drängt mich, zum Schreibtisch

Aus Bertolt Brecht: Große kommentierte Berliner und Frankfurter Ausgabe.
Hrsg. v. W. Hecht, J. Knopf u. a. Suhrkamp, Frankfurt/M 1993, Bd. 14, S. 432.

Interpretiere das Gedicht, wobei du folgende Schritte anwendest: [insgesamt 90'].

1. **Erster Eindruck/Äußere Form**
2. **Textgestaltung**
3. **Stropheninterpretation/Randnotizen**
4. **Gedichtinterpretation/Formulierung**
5. **Gesamtüberblick**

Check 2 Hauptteil Interpretation

In Blick auf die Klausur ist wichtig, dass du dir einen eigenen Fragenkatalog aus den Teilen „Wissen" und „Kurs" zusammenstellst, den du auswendig abspulen kannst.
Hier kannst du die unterschiedlichen Fragenkataloge überprüfen [5'].

1 Nenne drei für dich zentrale Untersuchungsansätze für die äußere Form.

1. ______________________________

2. ______________________________

3. ______________________________

2 Nenne fünf für dich zentrale Untersuchungsansätze für die Textgestaltung des Gedichts (genaue Textbeobachtung/Stropheninterpretation):

1. ______________________________

2. ______________________________

3. ______________________________

4. ______________________________

5. ______________________________

3 Wie arbeitest du konkret am Text, um zu einem Gesamtüberblick zu kommen?

____

____

____

____

____

____

4 **Erkläre folgende drei Begriffe:**

Parataxe: ______________________________

____

____

Hypotaxe: ______________________________

____

____

Inversion: ______________________________

____

____

5 **Worauf musst du beim Zitieren besonders achten?**

____

____

____

____

____

____

Klausurlotse:

Vorarbeiten – Einleitung – Inhaltsangabe – äußere Form – Stropheninterpretation – Gesamtüberblick – Biografie – Epoche – **Schluss** – **Durchlesen**

Es ist **20–30 Minuten vor Abgabe** der Klausur. Vor dir liegen die beschriebenen Blätter. Alles ist fertig, bis auf den Schluss. Gönne deinem Gehirn eine kurze Pause. Ordne deine Blätter, schreibe auf jedes oben deinen Namen, rechts die Seitenzahl, schau ein wenig aus dem Fenster und atme ein paar Mal tief durch, trinke etwas und lies dir deine Seiten in Ruhe durch, lasse alles auf dich wirken. Und jetzt mache dich an den Schluss. Denk daran, direkt nach deinem Schluss macht der Lehrer seine Note, **der Schluss muss also sitzen**!

Arbeitsschritte für einen Schluss:

- Stelle einen Bezug zum Gedicht her, besonders in Blick auf die Thematik (Frage: Worum ging es im Gedicht, was war die Grundthematik?)
- Wurde diese Thematik aus deiner Sicht angemessen dargestellt? Wenn nein, an welcher Stelle würdest du Kritik üben?
- Wie war möglicherweise die Wirkung bei Erscheinen des Gedichts, wie wirkt es auf dich in der heutigen Situation?
- Kannst du die Thematik von damals auf heute übertragen? Wenn ja, wo liegen die Bezüge zu heute?
- Entnimmst du dem Gedicht eine Botschaft, die für dich auch noch heute gilt?
- Liegt im Gedicht gar ein Appell, mit dem du aktualisiert den Schluss abrunden kannst (abrundender Schluss-Satz, der nicht platt und banal werden darf!)?

Formulierungshilfen: Schluss

Das Schicksal der Exilanten, gezeigt in dem interpretierten Gedicht an der zentralen Aussage ..., ist in seiner emotionalen Aussage, aber auch in seiner Entschlossenheit und Ermutigung ... nicht ein Relikt vergangener Epochen, sondern erweist sich ...
Der Aspekt ... in dem interpretierten Gedicht erweist sich als zeitübergreifend und spiegelt sich heute ... wider.
Das Interesse heutiger Interpreten gilt ...

Tipp: Die Klausur hast du zu Ende geschrieben, auch den Schluss. Du bist fix und fertig, reiß dich noch einmal kurz zusammen und bring die Kraft auf, deine Arbeit mindestens ein Mal in Ruhe durchzulesen.
Zeitaufwand: Mindestens 10 Minuten, Zielvorgabe bei der Klausur: **mindestens 15 Minuten vor dem Läuten fertig zu sein**!
Bei Notenabzügen wegen Fehlermassen klingt es dann fast immer so: „Wenn ich es mir noch einmal hätte durchlesen können, hätte ich viel weniger Fehler!"
Nochmals für morgen: **Kalkuliere Zeit zum Durchlesen ein!** Habe den Mut, dich deinem eigenen Werk zu stellen!

Du hast dir eine ganze Menge an Stichwörtern, Interpretationsideen herausgeschrieben. Diese kannst du jetzt für deinen Schluss heranziehen und unsere Auswahl damit ergänzen. [15′]

1 Gewichte die Notizen nach ihrer Bedeutung. Gehe vom Speziellen zum Allgemeinen.

- **Worum geht es in dem Gedicht?**
- **Was war die Grundthematik?**
- **Wurde diese Thematik aus deiner Sicht angemessen dargestellt? Wenn nein, an welcher Stelle würdest du Kritik üben?**
- **Stelle einen Bezug zum Gedicht her, besonders in Blick auf die Thematik (Frage: Worum ging es im Gedicht, was war die Grundthematik?)**
- **Wie war möglicherweise die Wirkung bei Erscheinen des Gedichts, wie wirkt es auf dich/in der heutigen Situation?**
- **Kannst du die Thematik von damals auf heute übertragen? Wenn ja, wo liegen die Bezüge zu heute?**
- **Entnimmst du dem Gedicht eine Botschaft, die für dich auch noch heute gilt?**
- **Liegt im Gedicht gar ein Appell, mit dem du aktualisiert den Schluss abrunden kannst (abrundender Schluss-Satz, der nicht platt und banal werden darf!)?**

Gesammelte Stichwörter für einen Schluss: zentrale Punkte auswählen!

Kontrast von Parataxe (Flucht ins Exil) und Hypotaxe (Auswanderung)
Thematik: Heimatlosigkeit (aktuell)
Wirkung: damals und heute: exakte Beschreibung der Gefühlslage (eigenes Erleben Brechts)
Widerspiegelung des Denkens der Schriftsteller damals
Anschluss Österreichs 1938 ans Deutsche Reich: Exilanten mussten in ferne Länder fliehen
Persönliche Kritik: Brechts Unterscheidung von Vertriebenen und Auswanderern, problematisiere seine klare Unterscheidung
Aktualisierung: Flüchtlingsströme heute, aber auch: Flüchtlinge bei uns
Botschaft/Appell: menschliches Einfühlungsvermögen in die Lage von Fremden
Aspekt der Sehnsucht nach dem Vertrauten, nach dem Bergenden und Geborgenheit Schenkenden

2 Fasse dein Urteil über Inhalt und ästhetische Gestalt zusammen.

3 Greife deine Deutungen auf und ziehe ein Fazit.

Bertolt Brecht: **Schlechte Zeit für Lyrik** (1939)

Ich weiß doch: nur der Glückliche
Ist beliebt. Seine Stimme
Hört man gern. Sein Gesicht ist schön.

Der verkrüppelte Baum im Hof
Zeigt auf den schlechten Boden, aber
Die Vorübergehenden schimpfen ihn einen Krüppel
Doch mit Recht.

Die grünen Boote und die lustigen Segel des Sundes
Sehe ich nicht. Von allem

Sehe ich nur der Fischer rissiges Garnnetz.
Warum rede ich nur davon
Daß die vierzigjährige Häuslerin gekrümmt geht?
Die Brüste der Mädchen
Sind warm wie ehedem.

In meinem Lied ein Reim
Käme mir fast vor wie Übermut.

In mir streiten sich
Die Begeisterung über den blühenden Apfelbaum
Und das Entsetzen über die Reden des Anstreichers.
Aber nur das zweite
Drängt mich, zum Schreibtisch

Aus Bertolt Brecht: Große kommentierte Berliner und Frankfurter Ausgabe.
Hrsg. v. W. Hecht, J. Knopf u. a. Suhrkamp, Frankfurt/M 1993, Bd. 14, S. 432.

Zwei Ideen zur Hilfe für einen Schluss dieses Gedichtes:

Bewusstes Wahrnehmen des Negativen
Dem Negativen engagiert Begegnen durch Schreiben

Formuliere bei dem zweiten Brecht-Gedicht – wie im Kursteil gelernt – einen Schluss. [15']

1 **Hier zwei schlechte Schlüsse. Beurteile diese Schlüsse und nenne die Fehlerquelle:**

Das Gedicht hat mir sehr gut gefallen. Brecht hat das gut geschrieben und es war auch leicht verständlich. Noch immer gibt es Flüchtlingsströme, von daher passt dieses Gedicht gut in unsere Zeit. Damals und heute gibt es die gleichen Probleme, aber das Leben ist nun mal so, da kann man nur das Beste daraus machen. Vergiss nicht: du lebst nur einmal!

Das Gedicht behandelt die Situation von Flüchtlingen. Heute fliehen viele von Nordafrika aus über das Meer Richtung Europa, konkret Richtung italienische Inseln. Für diese Flucht kassieren Schlepper viel Geld. Die Schiffe sind total überladen, kaum seetüchtig und immer wieder sinken sie, sodass die Flüchtlinge ertrinken. Wenn sie es endlich geschafft haben, auf einer der Italien vorgelagerten Inseln zu landen, werden sie in Lager eingesperrt. Italien ist mit dieser Situation total überfordert, so muss überlegt werden …

Gesamt-Check vor der Klassenarbeit morgen:

2 **Was nehme ich morgen in die Klassenarbeit mit?**
Notiere dir 3–5 Dinge, die du auf keinen Fall für morgen vergessen darfst.

1. ______________________________
2. ______________________________
3. ______________________________
4. ______________________________
5. ______________________________

Gesamte Gedichtinterpretation:

3 **Als Wiederholung nochmals der Überblick für die Klausur (vierstündig/ etwa 200 Minuten), schreibe die Klausurteile mit ungefähren Minuten- und Seitenangaben in die Kästen.**

Aufsatz-Teil	Minuten	Seiten
1. (danach: 2 Zeilen frei)		
2. (danach: 2 Zeilen frei)		
3. • (1 Zeile frei) • (1 Zeile frei) • (1 Zeile frei) • (1 Zeile frei) • (2 Zeilen frei)		
4.		
5. (unbedingt einplanen, also entsprechend früher mit der Klausur fertig sein!!)		

Klausurlotse:

Vorarbeiten – Einleitung – Inhaltsangabe – äußere Form – Stropheninterpretation – Gesamtüberblick – **Dichterbiografie** – **Epoche** – Schluss – Durchlesen

Dichterbiografie und Epoche können helfen, einen Gedichttext und das darin angesprochene Problem oder das lyrische Bild vertiefend zu deuten.

Dichterbiografie

Meist kannst du im Abitur zum Dichter nichts schreiben, weil du ihn nicht kennst. In der Klausur gibt dir vielleicht dein Deutschlehrer ein Gedicht von einem Dichter, den ihr behandelt habt. Für diesen Fall wird hier exemplarisch Brecht dargestellt, damit du dir im Klaren bist, wie du die Biografie des Dichters in den Aufsatz integrieren kannst.

Tipp: Lerne im Überblick die Biografie der im Unterricht behandelten Dichter. Bei Daten zum Dichter handelt es sich um reinen Lernstoff. Es ist wichtig, diesen **nicht plump abzuspulen**, sondern sein Wissen am Gedicht zu zeigen, also immer wieder **biografische Bezüge zum Gedicht** herzustellen.

Achtung: Grundsätzlich ist Vorsicht geboten, sofort das lyrische Ich mit dem Dichter zu identifizieren. Für diese Identifikation muss man gute Gründe haben, sonst kann es „gefährlich" werden und in die Irre führen.

Formulierungshilfen Dichterbiografie:

Gestützt wird die oben getroffene Vermutung, das lyrische Ich sei mit dem Dichter gleichzusetzen, durch die Biografie …
Einen weiteren Aspekt der Vertiefung des Gedichtes bietet die Biografie …
Das vorgegebene Gedicht fällt in die … Schaffensperiode von …
Direkte biografische Bezüge liegen zwar nicht vor, doch repräsentiert dieses lyrische Werk die typischen Themen des Dichters, wie Liebe …

Epoche

Wird von dir eine Epochenzuordnung erwartet, müssen Epochen vorher im Unterricht behandelt worden sein, sonst ist die Aufgabe nicht lösbar. Dieser Überblick hier ist nur als Wiederholung sinnvoll, daher die extrem verkürzte Darstellung.
Beim Gedichtvergleich wird oft das erste Gedicht aus einer der dargestellten Epochen stammen, teilweise auch das zweite, das dann in die Zeit des Expressionismus' hineinreicht oder noch aus einer früheren Epoche stammt. Aus diesem Grund wurde im Blick auf die Lyrik die Zäsur bei 1933 angesetzt. Exilliteratur wird dann noch beim Brecht-Gedicht angerissen.

Tipp: Wiederhole mit dieser Tabelle die Epochen, die ihr im Unterricht durchgenommen habt, mehr kannst du nicht tun! Im Klartext: Sollte von dir eine Epochenzuordnung bei den Gedichten erwartet werden, so hast du mit diesem Überblick klare Marksteine, an denen du dich orientieren und den Stoff aus dem Unterricht verankern kannst.

Insgesamt gilt auch hier der Tipp: Spule nicht dein Wissen ab, sondern zeige dein Wissen an dem Gedicht, indem du dieses mit der Epoche verknüpfst.

Formulierungshilfen Epoche:

Dieses Gedicht ist typisch für die Epoche ..., viele traf das gleiche Schicksal.
Die Zeit war gekennzeichnet durch ...
Die zentralen Themen des Gedichtes spiegeln sich auch in der Epoche wider, und zwar ...
Mit diesem Gedicht ist der Dichter ein Kind seiner Zeit ...
Die Interpretation wird noch weiter durch den Bezug zur Epoche vertieft ...

<table>
<tr><th>Epoche</th><th>Barock
(um 1600–1720)</th><th>Aufklärung
(um 1720–1785)</th><th>Sturm und Drang
(um 1767–1785)</th></tr>
<tr><td rowspan="2">Kennzeichen</td><td>Tod ist allgegenwärtig, alles Irdische ist nur Schein und Trug, Spannungsfeld von Lebensfreude und Todesbangen, Weltgenuss und Jenseitssehnsucht, Vergänglichkeit, Memento mori, Vanitas-Gedanke, carpe diem, kunstvolle Anwendung poetischer Formen, große Vielzahl rhetorischer Figuren, v. a. Metaphern, Allegorien, Antithesen</td><td>Glaube an die Vernunft, Optimismus, Humanität, Kritik an kirchlichen Autoritäten Rationalismus, Pietismus und Empfindsamkeit, strenge Forderung nach Einhaltung literarischer Regeln, oft Naturbetrachtungen im Mittelpunkt</td><td rowspan="2">Literarische Rebellion 20- bis 30-Jähriger, Verletzung der Geschmacks- und Moralvorstellungen, Frontalangriff gegen die rationale Aufklärung, Vernunft als degenerierte Vernünftelei, nun: Künstler als Neuschöpfer, Originalgenie als Schlagwort – ein unabhängiges Individuum, vital, erdverbunden, aufbegehrend, oft ungehobelt, stets unmittelbar, edel und großmütig, kraftvoll und kompromisslos, entscheidend: Gefühl, nicht maßvoll und vorsichtig; Zertrümmerung literarischer Formen, gestammelte Satzfetzen und viele Kraftwörter</td></tr>
<tr><td colspan="2">Empfindsamkeit (1730–1800)
gegen reinen, kühlen, seelenlosen Rationalismus, daher subjektiver Gefühlsüberschwang bis zur Rührseligkeit, Freundschaftskult und Schwärmerei

Anakreontik (1740–1770)
gepflegte Liebes- und Freundschaftslyrik, heiter-graziösen Verse und Kurzgedichte, meist spielerisch-elegante Lieder um Liebe und Wein, schlichte, klare Sprache</td></tr>
</table>

Epoche	***Klassik (1786–1805)***	***Romantik (1795–1848)***
Kennzeichen	Begegnung mit der Antike, Johann Joachim Winckelmanns „Geschichte der Kunst des Altertums“: Schönheitsideal ist „edle Einfalt und stille Größe“, Harmoniestreben, ausgleichendes Miteinander von Gefühl und Verstand, Natur und Kultur, die Existenz des Schönen als Ausdruck der Freiheit in der Erscheinung selbst, beim Menschen die „moralische Schönheit“, deren Ausdruck die Anmut ist. „Balladenjahr“ 1797, form-bewusste, auf alles Grelle, Gekünstelte und Gewaltsame verzichtende Dichtung	Angst vor Fortschritt u. Veränderung, nationale konservative Haltung, intensives Erleben der Umwelt, Mischung von Poesie u. Prosa, Genialität u. Kritik, Kunstpoesie u. Naturpoesie, Steigerung des schöpferischen Ichs ins Universale, vereinen von Gegensätzen, von Traum u. Wirklichkeit, Einheit aller Dinge, Aufgehen empirischer Realität in höherer Wirklichkeit, Sehnsucht nach höheren Welt, nach Ewigkeit, nach Eingehen in den Kosmos, von subjektiver Innerlichkeit beherrschtes Lebensgefühl, Phantastisches, Unerklärliches, Verborgenes, Bedrohliches, Nacht als Bild für Mysteriöses u. Rauschhaftes, „Blaue Blume“ als mythisches Objekt der Sehnsucht, dem Streben nach Harmonie, offene, bruchstückhafte, uneinheitliche Werke. Musikalität der Sprache, Schlichtheit, Volksliedhaftigkeit

Epoche	***Biedermeier (1815–1848)***	***Junges Deutschland und Vormärz (1835–1848)***	***Realismus (1840–1897)***
Kennzeichen	Aufgrund der Restauration unpolitisch, zeigt Heimatverbundenheit, Pflege des Althergebrachten, schlichte Genügsamkeit, Bändigung der Leidenschaften, mitunter Schwermut, Suche nach dem persönlichen Glück, Rückzug ins Private, Zuwendung zum Kleinen, Alltäglichen, neben Häuslichkeit leidvolle Welterfahrung, Zerrissenheit; Naturlyrik als etwas Unheimliches und Bedrohliches, als magische Dimension oder als Kern wahrer Humanität; Bevorzugung kleiner literarischer Formen, formale Strenge u. leise, eindringliche Töne, Musikalität	Revolutionäre, politisch engagierte Literatur, gegen den Absolutismus u. die dogmatische Kirche gerichtet; bis zum März 1848 (Märzrevolution) zunehmende Radikalität, Ziel: Überwindung moralischer Konventionen, Meinungsfreiheit, Demokratie, soziale Gerechtigkeit u. Emanzipation der Frau; phrasenhaft-pathetische Züge, z. T. gefährlich nationalistische Töne	Hinwendung zur Realität, ‚Wirklichkeitstreue'; zentral sind gesellschaftliche Verhältnisse, bürgerlicher Mensch u. seine Lebensverhältnisse; der gute, moralische u. tüchtige Bürger ist erfolgreich, der unmoralische endet im Ruin; Problematik wirtschaftl. u. sozialer Konflikte, Verstrickung des Individuums in politischen Verhältnissen seiner Zeit, im Intrigenspiel; Tragik aus dem Widerspruch zwischen Individuum und Gesellschaft

Epoche	***Naturalismus (1880–1900)***	***Impressionismus (1883–1923)***
Kennzeichen	Gleichung Kunst = Natur – x (Arno Holz), möglichst getreue Wiedergabe der Natur, geprägt durch exakte Beschreibungen; Proletariat als Thema, Gesellschaftskritik, Aufruf zu Humanität u. Toleranz, aus Solidarität mit Proletariat Interesse am Sozialismus, mitunter satirisch, grotesk, experimentelle Prosa, Dialekt u. Alltagssprache, exakte Erfassung von Mienenspiel und feinsten Bewegungen, Zeitdeckung, Sekundenstil, ausführliche Regieanweisungen über Pausen, Sprechtempo, Lautstärke beim Drama	Eindruck; l'art pour l'art (Kunst um der Kunst willen), persönlicher Eindruck des Augenblicks, vorübergehende Eindrücke, Wiedergabe von Stimmungen, sehr unpolitisch, Alltagsleben, Klangfarben, Stimmungen stärker betonte als formale Strukturen, Assoziationen, Loslösung von traditionellen Formen, Gedankensplitter; Bemühung um das treffende Wort, Beiordnung der Aussagen, u. a. durch Synästhesie und Oxymoron, Themen: Liebe und Tod, Kunst und Leben

Epoche	***Expressionismus (1910–1925)***	***Symbolismus (1883–1923)***	***Neue Sachlichkeit (1919–1933)***
Kennzeichen	Ausdruck; Abgrenzung zu Naturalismus, Impressionismus, radikal-subjektiver Sprachgestus, „Menschheitserneuerung", vorwiegend existentielle u. gesellschaftsrelevante Themen, wie Groteske oder Paradoxe allgemeinmenschlicher Existenz; Identitätsverlust, Vater-Sohn-Konflikt, sexuelle Besessenheit, Dynamik und Zerrissenheit, Großstadtproblematik u. Repressionen des wilhelminischen Deutschlands; Sukzessionen von dunklen, grausam-triebhaften u. morbiden, stilisiert-abstrakten Bildern; Telegrammstil, Vanitasdichtung des 16. Jhs., häufig Allegorien, Bildverdichtung und Typisierung, Stationentechnik (locker aneinandergereihte Szenen), Verknappung (Einakter) verzerrte Perspektiven, grotesk-phantastische Darstellung psychischer Prozesse, nach 1. Weltkrieg radikalpazifistisch-linksorientiert	Steigerung der Musikalität der Sprache, Verwendung von Symbolen, Chriffren, idealistisch, teilweise spiritualistisch	sachlich-objektive, gegenständliche, präzise Darstellung, minuziöse Beobachtung der Wirklichkeit; überscharfe Zeichnung des Gegenstandes, der so häufig bewegungslos u. starr wirkt; analytische Kälte und Atmosphärelosigkeit, stilisierte exakte Wiedergabe des Alltags, kompromisslose Gegner der heuchlerischen Moral der bürgerlichen Gesellschaft; Roman als bevorzugte Gattung, Monumentalroman, politisch-gesellschaftskritische Satiren, Gebrauchslyrik

Dichter

Vom Dichter Bertolt Brecht hast du im Unterricht sicher schon etwas gehört. Er ist dir also nicht gänzlich unbekannt.

1 Nenne drei Dinge, die du von Bertolt Brecht weißt.

1. ______________________________

2. ______________________________

3. ______________________________

Bei Brecht und seinem Gedicht kann man weniger von einer Epoche wie bei der Klassik oder der Romantik sprechen, sondern eher vom Dichter und seiner Zeit.

Nur wenige **Daten zu Brecht**, die für die Interpretation dieses Gedichtes sinnvoll sind:

- gelebt von 1898 bis 1956
- seit dem Hitlerputsch 1923 war er auf der Verhaftungsliste der Nationalsozialisten
- Einen Tag nach dem Reichstagbrand (27.2.1933) floh Brecht mit seiner Frau Helene Weigel nach Prag.
- weitere Fluchtstationen: Wien, Zürich, Paris, dann Dänemark
- In Dänemark war ihm die Nähe zu Deutschland wegen der Informationen wichtig.
- mietete sich ein Bauernhaus auf der dänischen Insel Fünen
- schrieb vorwiegend Gedichte (reimlos, freie Rhythmen, Spiegelbild der Unordnung der Zeit)
- Exil in den USA
- Rückkehr nach Deutschland 1945, Berlin (Ost), später DDR

Bertolt Brecht © ullstein bild – Granger Collection

Hier kurz **einige Informationen zur Exilzeit** deutscher Dichter:

- bereits 1932 Liste der unliebsamen Schriftsteller im „Völkischen Beobachter"
- In der Nacht des Reichtagsbrandes (27./28.2. 1933) verhaftet: Carl von Ossietzky (pazifistische Haltung)
- Bücherverbrennung am 10.5.1933: Bücher von Heinrich und Thomas Mann, Erich Kästner, Stefan Zweig …
- 1933 und danach verließen 1500 Schriftsteller Deutschland (erster Anlaufpunkt: die Grenzstaaten zu Deutschland, Veröffentlichungen konnten schnell nach Deutschland gebracht werden; Hoffnung, Drittes Reich gehe in wenigen Monaten vorbei, schnelle Rückkehr nach Deutschland sei möglich)
- schnelle Rückkehr als Fehleinschätzung ➔ Fluchtort: USA

Du kennst nun wichtige Details aus dem Leben Brechts, die du relativ leicht auf das Gedicht beziehen kannst.

2 Markiere die Stellen und bringe Randnotizen an. [10']

Bertolt Brecht: **Über die Bezeichnung Emigranten (1937)**

Immer fand ich den Namen falsch, den man uns gab: Emigranten.
Das heißt doch Auswandrer. Aber wir
Wanderten doch nicht aus, nach freiem Entschluß
Wählend ein andres Land. Wanderten wir doch auch nicht
Ein in ein Land, dort zu bleiben, womöglich für immer.
Sondern wir flohen. Vertriebene sind wir, Verbannte.
Und kein Heim, ein Exil soll das Land sein, das uns da aufnahm.

Unruhig sitzen wir so, möglichst nahe den Grenzen
Wartend des Tags der Rückkehr, jede kleinste Veränderung
Jenseits der Grenze beobachtend, jeden Ankömmling
Eifrig befragend, nichts vergessend und nichts aufgebend
Und auch verzeihend nichts, was geschah, nichts verzeihend.
Ach, die Stille der Sunde täuscht uns nicht! Wir hören die Schreie

Aus ihren Lagern bis hierher. Sind wir doch selber
Fast wie Gerüchte von Untaten, die da entkamen
Über die Grenzen. Jeder von uns
Der mit zerrissenen Schuhn durch die Menge geht
Zeugt von der Schande, die jetzt unser Land befleckt.
Aber keiner von uns
Wird hier bleiben. Das letzte Wort
Ist noch nicht gesprochen.

Aus Bertolt Brecht: Große kommentierte Berliner und Frankfurter Ausgabe in 12 Bänden. Gedichte 2. Suhrkamp Verlag, Frankfurt/M. 1988, S. 81.

3 Formuliere in wenigen Sätzen den biografischen Bezug zum Gedicht [10'].

Dichter und seine Zeit

4 **Nenne drei Aspekte, die dir zur Exilzeit bedeutender Dichter während des Dritten Reiches einfallen:**

Tipp: Mit Blick auf die morgige Klausur: Gehe genau so vor, wie ich es gerade mit dir übe!

5 **Benutze die Stichwörter aus Aufgabe 4 und überlege dann, wie du sie in Bezug zu dem Gedicht setzen kannst. Formuliere den Teil zur „Epoche" [10'].**

Bertolt Brecht: **Schlechte Zeit für Lyrik** (1939)

Ich weiß doch: nur der Glückliche
Ist beliebt. Seine Stimme
Hört man gern. Sein Gesicht ist schön.

Der verkrüppelte Baum im Hof
Zeigt auf den schlechten Boden, aber
Die Vorübergehenden schimpfen ihn einen Krüppel
Doch mit Recht.

Die grünen Boote und die lustigen Segel des Sundes
Sehe ich nicht. Von allem

Sehe ich nur der Fischer rissiges Garnnetz.
Warum rede ich nur davon
Daß die vierzigjährige Häuslerin gekrümmt geht?
Die Brüste der Mädchen
Sind warm wie ehedem.

In meinem Lied ein Reim
Käme mir fast vor wie Übermut.

In mir streiten sich
Die Begeisterung über den blühenden Apfelbaum
Und das Entsetzen über die Reden des Anstreichers.
Aber nur das zweite
Drängt mich, zum Schreibtisch

Aus Bertolt Brecht: Große kommentierte Berliner und Frankfurter Ausgabe.
Hrsg. v. W. Hecht, J. Knopf u. a. Suhrkamp, Frankfurt/M 1993, Bd. 14, S. 432.

Beziehe die dir jetzt bekannten Daten zu Brecht und seiner Zeit auf dieses Gedicht und formuliere die Klausurteile „Dichter“ und „Epoche“ [20'].

1 **Wiederhole im Blick auf die Klausur morgen die Epochen, die ihr im Unterricht durchgenommen habt, und ergänze sie durch dir wichtige Aspekte, die du in der Epochentabelle im „Wissensteil" gefunden hast. Benenne zu drei Epochen drei Stichworte, die du dann ausbauen und auf das dir vorgelegte Gedicht beziehen kannst.**
Als gemeinsamen Übungsteil nimm die Epoche des „Sturm und Drang", diese dürftest du vermutlich im Unterricht behandelt haben.

1. Epoche: Sturm und Drang (um 1765–1785)

2. Epoche:

3. Epoche:

4. Epoche:

2 **Falls du die Vermutung hast, bei der morgigen Klausur kommt ein Gedicht eines Verfassers an die Reihe, den du bereits kennst, wiederhole das Spiel von oben, schreibe zu drei Dichtern drei Stichwörter auf, die sich anbieten, auf lyrische Werke bezogen zu werden.**

1. Dichter:

2. Dichter:

3. Dichter:

Fitness-Einheit

Wissen 5 Metrum – Reim – Stilfiguren

Klausurlotse:

Vorarbeiten – Einleitung – Inhaltsangabe – **äußere Form** – **Stropheninterpretation** – Gesamtüberblick – Biografie – Epoche – Schluss – Durchlesen

Metrum und Rhythmus

Was vermutlich für dich ein „gescheites" Gedicht ausmacht, ist das Metrum und der Reim am Ende. Zum Reim kommen wir noch, jetzt ist das Metrum zunächst dran, von daher wirst du auch unser Brecht-Gedicht am Anfang nicht so recht als Gedicht ansehen. Wir nahmen es ja auch nur, um die morgige Klausur zu üben.

Das **Metrum (Versmaß)** wird bestimmt durch die regelmäßige Betonung von Wörtern. Im Deutschen liegt die Betonung von zwei- oder dreisilbigen Wörtern meist auf der ersten Silbe: *dichten*. Dagegen werden Vor- und Nachsilben nicht betont, also *Gedicht* oder *gedichtet*. Der regelmäßige Wechsel von betonten und unbetonten Silben ergibt das Versmaß.
Im Klartext, das Metrum kennt nur ein Entweder-Oder, also **betont = Hebung** (X) oder **unbetont = Senkung** (x). Und wenn du das dann so durchziehst, immer stur betont und unbetont liest, es herunterleierst, dann bekommst du das Metrum heraus, aber es hört sich fürchterlich an.
Du wirst schnell merken, manche Wörter müssen ganz einfach betont gelesen werden, auch wenn das dem **Versakzent** nicht entspricht, du gibst ihnen einen **Sinnakzent** und dieses spannungsreiche Gefüge zwischen Versakzent und Wortakzent nennt man **Rhythmus**, den musst du selbst herausfinden.

Tipp: Wenn ein Wort absolut nicht ins Metrum passt, nicht verzweifelt sein, sondern dankbar, denn nun hast du einen Interpretationshinweis bekommen, dieses Wort genauer unter die Lupe zu nehmen und es ausführlicher zu interpretieren.

Merke:
- ***Das Metrum ist festgelegt.***
- ***Der Rhythmus aber hebt ein Wort (Wortsinn) hervor, obgleich es im Metrum nicht betont wäre.***

Nun die dritte Strophe eines bekannten Mörike-Gedichts als Beispiel:

Plötzlich, da kommt es mir,
Treuloser Knabe,
Dass ich die Nacht von dir
Geträumet habe.

Versuch mal, ohne gleich zu spicken, das Metrum herauszubekommen. Eine kleine Hilfe: Ich gebe dir die Zahl der Silben mit „x" an und an zwei Stellen musst du aus einem kleinen „x" (Senkung) ein großes „X" (Hebung) machen, dann hast du das Metrum. Also, probier's:

Plötzlich, da kommt es mir,
x x x x x x

Welches „x" machst du groß (Hebung)? Erst das erledigen, dann weiter lesen!

Es ist das erste und das vierte, das sieht dann so aus:

Plötzlich, da **kommt** es mir,
X x x X x x

Das nennt man einen Daktylus (betont, unbetont, unbetont).
Tipp: Lies das Wort auch so, dann weißt du automatisch auch die Betonung: Daktylus)

So, jetzt versuche mal selbst, die Betonung einzuzeichnen:

Treuloser Knabe,
x x x x x

Dass ich die Nacht von dir
x x x x x x

Geträumet habe.
x x x x x

In der 2. und 4. Zeile fehlt eine Betonung, das ignorieren wir jetzt (die letzte Senkung des zweiten Versfußes ist nicht verwirklicht), aber lies mal im Metrum die vierte Zeile, also „Geträumet ...", klingt mehr als komisch, hier liegt also der Sinnakzent auf „Geträumet habe". Durch diese „versetzte Betonung" ist das Traumhafte stark hervorgehoben, und das gibt Sinn. Also liegt kein Kunstfehler des Dichters vor!
An diesem ausführlich dargestellten Beispiel kannst du gut den Unterschied zwischen starrem Metrum und flexiblem Rhythmus erkennen. Die Aufgabe, diesen Unterschied bei der Interpretation herauszuarbeiten, kann ich dir leider nicht ersparen. Ich weiß, es wirkt ziemlich willkürlich und subjektiv!

Wir bleiben jetzt aber **beim Metrum:**
Ich nenne dir zunächst den Namen, dann die Betonung und erste Interpretationsansätze.

Benennung	Beispiel	Erläuterung
Jambus Auftakt	Getan x X unbetont/betont *Es schlug mein Herz* x X x X Vers beginnt mit einer oder mehreren unbetonten Silben (siehe oben)	Im Deutschen meist Beginn mit Einsilbern (Artikel usw.), also Jambus Steiger, Beginn: Senkung, wirkt weich, gleitend, bei erzählenden + betrachtenden Gedichten
Trochäus	Gehen X x Betont/unbetont *Mitten wir im Leben* X x X x X x	Faller, Beginn: Hebung, wirkt ernster, fester, eindringlicher, feierlicher; auch: gesellige Gedichte (wg. Plauderton)

Benennung	Beispiel	Erläuterung
Daktylus	<u>Dak</u>tylus X x x Betont/unbetont/unbetont *<u>Eh</u>ret die <u>Frau</u>en!* X x x X x	Klingt oft fröhlich, aber auch bewegt feierlich-ernst, Ausdruck lebhafter Empfindung, tänzerisch, aber auch mahnend
Anapäst	Ana<u>päst</u> x x X unbetont/unbetont/betont *Wie mein <u>Glück</u>, ist mein <u>Leid</u>.* x x X	Im Deutschen selten Klingt oft fröhlich, aber auch bewegt feierlich ernst

Vertiefung: Metren

Blankvers:

Durch **<u>die</u>**se **<u>hoh</u>**le **<u>Gas</u>**se **<u>muss</u>** er **<u>kom</u>**men
x X x X x X x X x X (x)

(Friedrich Schiller: „Wilhelm Tell“)

Klassischer Dramenvers, fünffüßiger Jambus ohne Reim, wirkt pathetisch, leicht dahinplätschernd, humorvoll

Knittelvers:

<u>Ha</u>be nun **<u>ach</u>** ^ **<u>Phi</u>**loso**<u>phie</u>**
X x x X X x x X

(Johann Wolfgang Goethe: „Faust I“)

Paarweise gereimter Vierheber mit unterschiedlich vielen unbetonten Silben, unstrophig, gilt als bieder, volkstümlich, oft in Balladen

Hexameter:

<u>Pfle</u>gend und **<u>wie</u>**der ge**<u>pflegt</u>** mit dem **<u>flei</u>**ßigen **<u>Men</u>**schen zu**<u>sam</u>**men
X x x X x x X x x X x x X x x X x

(Friedrich Hölderlin: „Die Eichbäume“)

Sechshebiger Daktylus, letzter unvollständig, reimlos, wirkt pathetisch, gemüt- und humorvoll

Alexandriner:

Du **<u>siehst</u>**, wo**<u>hin</u>** du **<u>siehst</u>**, / nur **<u>Ei</u>**tel**<u>keit</u>** auf **<u>Er</u>**den
x X x X x X x X x X x X (x)

(Andreas Gryphius: „Es ist alles eitel“)

Sechshebiger Jambus, Zäsur nach der 3. Hebung, besonders beliebt im Barock (Sonett), eignet sich besonders für Antithesen, wirkt wegen seiner Länge schwerfällig

Freier Rhythmus: Mit der Eisenbahn/lernen wir/zur Oma fahrn./Das macht Spaß
(Wolf Biermann: „Spielzeug“)
prosanahe Redeweise, kein wiederkehrendes, einheitliches Metrum, reimlos, unterschiedliche Strophen- und Verslänge, Rhythmus bestimmt von Ausdruckskraft der Worte, „Füllungsfreiheit“

Reim

Auf zum nächsten Schritt, dem Reim.
Wir starten mit den **Reimarten (Versschlüssen/Kadenzen)**

Männlicher Reim: einsilbig, auf eine Hebung endend (= letzte Silbe betont); wirkt fest und bestimmt, Ende mit sinntragender Silbe *(Ge**stalt**)*
Tod/Not

Weiblicher Reim: zweisilbig, aus einer Hebung und einer Senkung (= letzte Silbe unbetont) bestehend, weich, Tonlosigkeit am Schluss (so die meisten deutschen Zweisilber) *(**wer**den, **Wor**te)*
Singen/klingen

Reiner Reim: „Vollreim“, vollkommene lautliche Übereinstimmung
Geht/fleht

Unreiner Reim: „Halbreim“, nur unvollkommene vokalische oder konsonantische Übereinstimmung
Blüht/flieht neige/schmerzensreiche

Kadenzwechsel: männlich und weiblich schließende Wörter wechseln sich ab

Vertiefung: Endreim/Klang

Allein damit, dass du statistisch männliche und weibliche Kadenzen (Reime) auflistest, ist noch nicht viel gewonnen. Du musst deine Kenntnis in Bezug zur Interpretation setzen, also, wie kannst du dein Fachwissen zur Interpretation nutzen: **Du verbindest die Reimwörter**, die natürlich durch mehrere Zeilen getrennt sein können, miteinander und überlegst, ob sich nicht so ein Interpretationsansatz für dich ergibt. Entscheidend für den Reim ist der Klang, nicht das Druckbild.

Hier nochmals die **unterschiedlichen Begriffe**:

Reim: gereimt oder reimlos
Versfüllung: Metrum (Wechsel von Hebung und Senkung)
Verslänge: Anzahl der Hebungen pro Vers (Zeile)
Versschluss: männlich/weiblich
Versteilung: mit oder ohne Zäsur (Einschnitt)

*Jetzt kommt der nächste Schritt, die **Reimordnungen**:*
Wir beginnen mit der Unterscheidung nach der **Stellung des Reims**, also Anfangsreim, Binnenreim, Endreim.

Anfangsreim: Die ersten Silben zweier aufeinanderfolgender Zeilen reimen sich.

Krieg! Ist das Losungswort
Sieg! Und so klingt es fort.

Binnenreim: Zwei oder mehrere Wörter in einer Zeile reimen sich.

Es **lispeln** und **wispeln** die schlüpfrigen Brunnen

Endreim: Die letzten Silben am Ende zweier oder mehrerer Verse reimen sich.

Das Schiff geborsten. Das Feuer ver**schwelt**.
Gerettet alle. Nur einer **fehlt**.

Reimwaise: reimlose Zeile innerhalb einer gereimten Strophe, muss mit x, y, z gekennzeichnet werden, darf nicht fortlaufend sein

Ein Freund ging nach Amerika **x**
Und schrieb mir vor einigen **Lenzen**: **a**
Schicke mir Rosen aus Steiermark, **y**
Ich hab' eine Braut zu **bekränzen**! **a**

Wir befassen uns jetzt mit verschiedenen **Formen des Endreims**:

Paarreim: aa bb cc

Ich geh' im Urwald für mich **hin** … **a**
Wie schön, dass ich im Urwald **bin**; **a**
man kann hier noch so lange wandern, **b**
ein Urbaum steht neben dem andern. **b**

Kreuzreim: abab cdcd

Wir schreiten auf und ab im reichen **Flitter** **a**
Des Buchenganges beinah bis zum Tore **b**
Und sehen außen in dem Feld vom **Gitter** **a**
Den Mandelbaum zum zweitenmal im Flore. **b**

Umschließender/umarmender Reim: abba

Ein reiner Reim ist sehr **begehrt**, **a**
doch den Gedanken rein zu haben, **b**
die edelste von allen Gaben, **b**
das ist mir alle Reime **wert**. **a**

Haufenreim: aaaa

auf den hohen Felsen**klippen** **a**
sitzen sieben Robben**sippen** **a**
die sich in die Rippen **stippen** **a**
bis sie von den Klippen **kippen** **a**

Schweifreim: aab ccb

Durch Feld und Wald zu **schweifen**, **a**
Mein Liedchen **wegzupfeifen**, **a**
So geht's von Ort zu Ort! **b**
Und nach dem Takte ***reget***, **c**
Und nach dem Maß ***beweget*** **c**
Sich alles an mir fort. **b**

Verschränkter Reim: abcabc

Wozu, o Mond, mit deinem **Strahlenschimmer** **a**
Hat dich ein Gott in Lüften aufgehangen, **b**
Als daß die Lieb in deinem Licht soll ***wallen***? **c**
Die Liebe wallt in deinem Lichte **nimmer**, **a**
Der Docht in deiner Lamp' ist ausgegangen, **b**
Und deine Scherben laß vom Himmel ***fallen***. **c**

Stilfiguren

Nun sind wir bei den Stilfiguren, was auch nicht jeden vom Hocker reißt. Ich weiß das natürlich und denke, man soll es weder mit dem Metrum noch den Stilfiguren übertreiben, aber beide sind zentrale Signale für eine angemessene Interpretation.
Ich habe alles alphabetisch geordnet und habe darauf verzichtet, die Wirkung der Stilfigur zu benennen, da die Wirkung angemessen nur aus dem Kontext erschlossen werden kann. Formulierungshilfen zur Wirkung kann ich nicht anbieten, da sie so allgemein formuliert sein müssten, sodass sie alles und nichts sagen.

Zum Aufbau der Tabelle: Zunächst kommt der Begriff, dann ein Beispiel und in der 3. Spalte eine ganz kurze Definition.
Viele der Stilfiguren kannst du auch auf andere Aufsatzarten, z. B. die Textanalyse, übertragen. Von daher lohnt sich das Pauken! Entsprechend wurden allgemeine Beispiele gewählt.

Benennung	Beispiel	Erläuterung
Akkumulation, die	Nenn's Glück! Herz! Liebe! Gott!	Häufung verwandter Begriffe
Anapher, die	Keiner sah zu ihr hin. Keiner half ihr.	Wiederholung des Anfangswortes in aufeinanderfolgenden Sätzen
Antithese, die	Gut und Böse	Entgegenstellung von Begriffen und Gedanken

Benennung	Beispiel	Erläuterung
Asyndeton, das	Alles rennet, rettet, flüchtet.	Mehrere Begriffe ohne „und" oder „oder"
Chiasmus, der	Der **Einsatz** ist klein. Groß ist der **Gewinn**.	„X" (griech. Chi), Überkreuzstellung zugeordneter Wörter, Verstärkung, einprägsam
Ellipse, die	Ende gut, alles gut!	Auslassung eines oder mehrerer Wörter im Satz (leicht ergänzbar)
Euphemismus, der	Heimgang (für Tod)	Beschönigung
Emphase, die	Mein Gott!	Deutliche Hervorhebung einer Aussage
Hendiadyoin, das	Hinz und Kunz (für jedermann) Klipp und klar (für eindeutig)	Beide Wörter zusammen ergeben eine neue Bedeutung, im Gegensatz zur Tautologie.
Hyperbel, die	Saudumm	Starke Übertreibung
Inversion, die	Jetzt reden wieder miteinander die Politiker.	Platzwechsel im Satz
Ironie, die	Mal wieder ne super Klausur geschrieben!	Unwahre Behauptung Gegenteil gemeint
Klimax/Antiklimax, die	Ich kam, ich sah, ich siegte	Steigerung vom schwächeren zum stärkeren Ausdruck, Antiklimax: umgekehrt
Litotes, die	Nicht unschön Nicht dumm	Untertreibung/Bejahung durch doppelte Verneinung, 2 x negativ
Metapher, die	Das Feuer der Liebe	Bildliche Bedeutungsübertragung Sprachliche Verknüpfung zweier getrennter Bereiche
Neologismus, der	Overkill	Wortneuschöpfung
Oxymoron, das	Alter Knabe	Zusammenstellung zweier sich widersprechender Begriffe
Parenthese, die	So bitt ich – ein Versehen war's, weiter nichts – für diese rasche Tat dich um Verzeihung.	Zwischenschaltung eines Satzes oder Gedankens
Personifikation, die	Die Sonne lacht.	Vermenschlichung
Parallelismus, der	Sie hören weit. Sie sehen fern.	Wiederholung der Satzreihenfolge
Periphrase, die	Staatsdiener = Beamte	Umschreibung
Pleonasmus, der	Weißer Schimmel	Wiederholung des Charakteristikums
Polysyndeton, das	Er stolpert und er taumelt und er stürzt	Mehrere Begriffe mit „und" oder „oder" verbunden
Rhetorische Frage	Machen wir nicht alle Fehler?	Scheinfrage, keine Antwort erwartet

Benennung	Beispiel	Erläuterung
Tautologie, die	Immer und ewig	Gleichbedeutende Wörter derselben Wortart, keine neue Bedeutung (➔ Hendiadyoin), nur Verstärkung
Vergleich, der	Achill ist stark wie ein Löwe	Verknüpfung mit Betonung des Gemeinsamen

Weitere Fachbegriffe

Benennung	Beispiel	Erläuterung
Alliteration	… und möge droben/in **L**icht und **L**uft zerrinnen mir **L**ieb und **L**eid	gleicher Konsonantenbeginn
Assonanz	H**ö**r, es klagt die Fl**ö**te wieder	Gleichklang der Vokale
Klangfarbe		achte auf dunkle und helle Vokale, weiche oder harte Konsonanten, die Natureindrücke und Gefühlszustände spiegeln
Lautmalerei	Kuckuck	sprachliche Nachahmung akustischer Eindrücke

Johann Wolfgang von Goethe: **Willkommen und Abschied**

Erste Fassung (1771)

Mir schlug das Herz. Geschwind, zu Pferde!
Und fort, wild wie ein Held zur Schlacht.
Der Abend wiegte schon die Erde,
Und an den Bergen hing die Nacht.
Schon stund im Nebelkleid die Eiche
Wie ein getürmter Riese da,
Wo Finsternis aus dem Gesträuche
Mit hundert schwarzen Augen sah.

Der Mond von einem Wolkenhügel
Sah schläfrig aus dem Duft hervor,
Die Winde schwangen leise Flügel,
Umsausten schauerlich mein Ohr.
Die Nacht schuf tausend Ungeheuer,
Doch tausendfacher war mein Mut,
Mein Geist war ein verzehrend Feuer,
Mein ganzes Herz zerfloss in Glut.

Ich sah dich, und die milde Freude
Floß aus dem süßen Blick auf mich.
Ganz war mein Herz an deiner Seite,
Und jeder Atemzug für dich.
Ein rosenfarbes Frühlingswetter
Lag auf dem lieblichen Gesicht
Und Zärtlichkeit für mich, ihr Götter,
Ich hofft' es, ich verdient' es nicht.

Der Abschied, wie bedrängt, wie trübe!
Aus deinen Blicken sprach dein Herz.
In deinen Küssen welche Liebe,
O welche Wonne, welcher Schmerz!
Du gingst, ich stund und sah zur Erden
Und sah dir nach mit nassem Blick.
Und doch, welch Glück! geliebt zu werden,
Und lieben, Götter, welch ein Glück!

Da dies möglicherweise alles Neuland für dich ist, haben wir für den Anfang Hilfen für dich eingebaut. Versuche diese Hilfen aber erst in Anspruch zu nehmen, wenn du am Goethe-Gedicht mit Unterstreichen und Farben wirklich selbständig gearbeitet hast.
Die vorstrukturierten Aufgaben kannst du dann zur Kontrolle nehmen und schnell lösen!

Kurs 5 Metrum – Reim – Stilfiguren

Aufgabenstellung [15']:

1 Bestimme das Metrum, kleiner Tipp: nimm die zweite Zeile der ersten Strophe.

2 Bestimme das Reimschema (Buchstaben: a, b, c, d …)

3 Bestimme die Kadenzen (männlich/weiblich)

4 Suche selbständig Stilfiguren, unterstreiche diese und schreibe den Namen der Stilfigur an den Rand.

5 Jetzt zur vorstrukturierten Hilfe: Ich gebe dir die erste Strophe des Goethe-Gedichts und du schreibst in Buchstaben das *Reimschema* dahinter und die *Kadenzen* (m/w) und überlegst dir das *Metrum* (Takt schlagen!).

	Reimschema: abc …	Kadenzen: m/w
Mir schlug das Herz. Geschwind, zu **Pferde**!	______	______
Und fort, wild wie ein Held zur **Schlacht**.	______	______
x x x x x x x x	______	______
Der Abend wiegte schon die **Erde**,	______	______
Und an den Bergen hing die **Nacht**.	______	______
Schon stund im Nebelkleid die **Eiche**	______	______
Wie ein getürmter Riese **da**,	______	______
Wo Finsternis aus dem **Gesträuche**	______	______
Mit hundert schwarzen Augen **sah**.	______	______

Reimschema: ______________________________

Metrum: ______________________________

Stilfiguren

6 Die Stilfiguren testen wir jetzt an dem konkreten *Goethe-Gedicht*. Ich gebe dir verkürzte Auszüge und du bestimmst die Stilfigur.

Gedicht-Zitate	Stilfigur
Wie ein Held zur Schlacht	
Der Abend wiegte die Erde	
Nebelkleid	
Finsternis sah aus dem Gesträuche …	
… mit hundert Augen	
Der Mond sah hervor	
Wolkenhügel	
Die Winde schwangen leise Flügel	
Die Nacht schuf Ungeheuer	
… **tausendfacher** war mein Mut	
Mein Geist war … Mein ganzes Herz zerfloss	
Milde Freude floss auf mich	
Jeder Atemzug für dich	
Ihr Götter	
Ich hofft' es, ich verdient' es nicht.	
welch Glück! geliebt zu werden Und lieben, Götter, welch ein Glück	

Karoline von Günderrode: **Der Kuss im Traume**

Es hat ein Kuss mir Leben eingehaucht,
Gestillet meines Busens tiefstes Schmachten.
Komm, Dunkelheit! mich traulich zu umnachten,
Dass neue Wonne meine Lippe saugt.

In Träume war solch Leben eingetaucht,
Drum leb' ich, ewig Träume zu betrachten,
Kann aller andern Freuden Glanz verachten,
Weil nur die Nacht so süßen Balsam haucht.

Der Tag ist karg an liebesüßen Wonnen,
Es schmerzt mich seines Lichtes eitles Prangen
Und mich verzehren seiner Sonne Gluthen.

Drum birg dich Aug' dem Glanze irrd' scher Sonnen!
Hüll' dich in Nacht, sie stillet dein Verlangen
Und heilt den Schmerz, wie Lethes kühle Fluten.

Aufgabenstellung [30–40']:

1 **Bestimme das Metrum.**

2 **Bestimme das Reimschema.**

3 **Bestimme die Kadenzen.**

4 **Suche selbstständig Stilfiguren, unterstreiche diese und schreibe den Namen der Stilfigur an den Rand.**

Check: Metren

1 **So, jetzt geht es für dich darum herauszufinden, was du noch weißt.
Nenne vier Metren, die du kennst, und schreibe dahinter, wo die Betonung liegt:**

1. ______________________________
2. ______________________________
3. ______________________________
4. ______________________________

Check: Reimformen

2 **Jetzt machst du das gleiche Spiel mit vier Reimformen.
Nenne vier Reimformen und schreibe die Abfolge des Reims dahinter.**

1. ______________________________
2. ______________________________
3. ______________________________
4. ______________________________

Check: Metrum und Reim

3 **Hier nur ganz kurze Übungen, aber diese bitte machen!**

Bunt sind schon die Wälder

Metrum: ______________	Kadenz: ______________

Mit Lieb bin ich umfangen

Metrum: ______________	Kadenz: ______________

Freiheit, die ich meine,/die mein Herz erfüllt

Metrum: ______________	Kadenz: ______________

In einem kühlen Grunde

Metrum: ______________	Kadenz: ______________

Also lautet der Beschluss:/Dass der Mensch was lernen muss.

Metrum: ______________	Kadenz: ______________

Die Mitternacht zog näher schon

Metrum: ______	Kadenz: ______

Ich bin der wohlbekannte Sänger

Metrum: ______	Kadenz: ______

Preisend mit viel schönen Reden/Ihrer Länder Wert und Zahl

Metrum: ______	Kadenz: ______

Eia, popeia, was raschelt im Stroh

Metrum: ______	Kadenz: ______

Check: Stilfiguren

4 Bestimme diese Stilfiguren.

Die Nacht ist dunkel, der Tag ist hell.	______
Warm und kalt	______
Noch jemand ohne Fahrschein	______
Dieb, Wüstling, Mörder	______
Raumpflegerin statt Putzfrau	______
Rechteckiges Viereck	______
Ihr seid mir tapfere Helden!	______
Quadratur des Kreises	______
Ganz Deutschland wurde blamiert!	______
Er ist nicht dumm.	______
Kunst und Wissenschaft gehen Hand in Hand.	______
Persil bleibt Persil.	______
Er hat einen Mund wie ein Scheunentor.	______
Weiser Narr	______
Tritt frisch auf! Tu's Maul auf! Hör bald auf!	______
Licht der Wahrheit	______

Klausurlotse:

Vorarbeiten – Einleitung – Inhaltsangabe – äußere Form – Stropheninterpretation – Gesamtüberblick – Biografie – Epoche – Schluss – Durchlesen

Zunächst nochmals den Aufbau einer **Gedichtinterpretation als Gesamtaufriss**.
Die reine Wiederholung wird um die Kontextualisierung Epoche und Dichterbiografie sowie konkrete **Tipps für die Visualisierung** ergänzt, von daher bilden Wiederholung und Neues eine sinnvolle, sehr praxisorientierte Einheit. Dazu bekommst du noch Informationen (Biografie und Epoche) zu dem Goethe-Gedicht „Willkommen und Abschied"
Hier ist es wichtig, dass du **eigene Schwerpunkte der Vorgehensweise** setzt, sodass du nicht im Uferlosen der Möglichkeiten versinkst und dann gar nichts auf die Reihe bringst.

Schritt 1: Erster Eindruck
Schritt 2: Äußere Form
Schritt 3: Textgestaltung/Formulierung
Schritt 4: Gesamtüberblick
Schritt 5: Biografie
Schritt 6: Epoche
Schritt 7: Gedichtinterpretation/Schluss

Schritt 1: Erster Eindruck (Bild)/Vorarbeiten
Lies das Gedicht ohne viel zu markieren zwei- bis dreimal **in Ruhe durch** und **fühle** dich **ein**, sodass ein **Bild** in dir **entstehen kann**.

Schritt 2: Äußere Form
Nenne deine vier **Untersuchungsaspekte für die äußere Form** (Dichter, Überschrift, Strophenzahl usw./siehe Fitness-Einheit 2), diese vier Untersuchungsansätze hast du wirklich auswendig drauf, bevor du in die Klausur gehst!

Also, jetzt deine Untersuchungsansätze:

1. ______________________________

2. ______________________________

3. ______________________________

4. ______________________________

Schritt 3: Textgestaltung / Formulierung

Ich rate dir unbedingt **Farben** zu benutzen und Teile, die ähnlich oder antithetisch sind, mit Pfeilen zu verbinden. Hier meine „Farbenlehre"; du musst aber deine eigene entwickeln, die für dich stimmt und die du immer exakt so benutzt.

Unterstreichen:
- **Blau** = Inhalt
- **Rot** = Entscheidendes
- **Grün** = Unklares
- **Schwarz** = als zusätzliche Farbe

Mit dem *Vierfarbstift* schreibe ich rechts an den Rand oder teilweise kreise ich Wörter ein:
- **Blau** = Assoziationen/spontane Interpretationsideen/Beobachtungen
- **Rot** = exakte Stilfiguren/für mich Zentrales
- **Grün** = das gibt für mich gerade keinen Sinn!/Widersprüchliches zur Interpretation/Klärungsbedarf/Warnhinweis
- **Schwarz** = alles Weitere

Mit *Markern* markiere ich:
- **Gelb** = zentrale Wörter
- **Orange** = entscheidende Sätze/Entscheidendes für die gesamte Interpretation
- **Blau** = Wörter im Gesamtüberblick, die gleich oder antithetisch sind
- **Andere Farben** setze ich dann nach Belieben ein, falls ich sie zusätzlich brauche.

Nenne jetzt deine persönlichen **sechs Untersuchungsaspekte zur konkreten Arbeit am Text** (lyrisches Ich, Gliederung, Metaphern usw./siehe Fitness-Einheit 2).

1. ______________________________

2. ______________________________

3. ______________________________

4. ______________________________

5. ______________________________

6. ______________________________

Bei der konkreten Textarbeit hast du automatisch den Inhalt des Gedichtes vertieft und nebenbei falsche Vorstellungen beim Anfangsbild korrigiert. Du hast also keine kostbare Zeit in Blick auf die Klausur verloren! Jetzt müsste auch der Inhalt halbwegs klar sein, also kann problemlos die **Inhaltsangabe** geschrieben werden. (siehe Einheit 1/Wissen)

Einleitung
Nachdem die Inhaltsangabe steht, müsste eigentlich auch die **Einleitung** klappen. Das Schwierigste ist immer die Kurzzusammenfassung.
Nur an dieser Stelle rate ich dir ein Konzept zu schreiben! Denk an die Anforderungen an eine Einleitung (siehe Fitness-Einheit 1/Wissen). Vorarbeiten zur äußeren Form sind geleistet und jetzt werden diese **Vorarbeiten formuliert**! (siehe Fitness-Einheit 2/Wissen)

So und jetzt gehst du dran, das Gedicht **Strophe für Strophe zu interpretieren**, also nicht nochmals den Inhalt wiederzugeben, garniert mit paar Zitaten, sondern wirklich zu vertiefen, was weit über den Inhalt hinaus weist. Auch die Stilfiguren sollten wie Metrum und Reim der Interpretation dienen und nicht einer Stilfiguren-Statistik, um den Lehrer ruhig zu stellen! (siehe Fitness-Einheit 5/Wissen)

Schritt 4: Gesamtüberblick
Jetzt siehst du das Gedicht in seiner Gesamtheit, also von oben! Hast du mit Pfeilen Wörter und Sätze verbunden, gibt es Parallelen in Anfang und Ende usw. (siehe Fitness-Einheit 2/Wissen).
Formuliere deinen Gesamtüberblick, wobei ich dir für Notfälle Formulierungshilfen lieferte, falls dir nichts einfällt. Schreibe nur wenige Sätze und runde damit die konkrete Stropheninterpretation ab.

Schritt 5: Biografie (autobiografischer Bezug / Kontext)
Dies setzt voraus, dass Daten bekannt sind, entweder durch den Unterricht oder durch Internet-Recherche. (siehe Fitness-Einheit 4/Wissen)
Ich gebe dir hier die notwendigen **Informationen zu Goethe und zu seiner Freundin Friederike Brion**, sodass du das Gedicht für dich verständlicher interpretieren kannst.

Informationen zu Goethe:

Goethe (21 Jahre) lernt im Oktober 1770 während seines Straßburg-Aufenthaltes (wegen Jura-Studiums) die Pfarrerstochter Friederike Brion (18 Jahre) in Ses(s)enheim kennen und lieben, verbringt eine unbeschwerte Zeit mit ihr und trennt sich im August 1771 von ihr, um zu seiner Promotion nach Frankfurt zurückzukehren.
Möglicherweise war der Anlass des Gedichtes der Beginn der Osterferien an der Uni Straßburg. Harte Wochen liegen hinter dem Studenten Goethe, die Sehnsucht nach seiner Friederike packt ihn, er reitet noch am Abend los und beschreibt in seinem Gedicht das Erlebnis seines Mondschein-Ritts. In seiner Selbstbiografie erinnert sich Goethe:

„Ich glaubte, eine Stimme vom Himmel zu hören und eilte, was ich konnte, ein Pferd zu bestellen und mich sauber herauszuputzen. Ich schickte nach Weyland, er war nicht zu finden. Dies hielt meinen Entschluss nicht auf, aber leider verzogen sich die Anstalten, und ich kam nicht so früh weg, als ich gehofft hatte. So stark ich auch ritt, überfiel mich doch die Nacht. Der Weg war nicht zu verfehlen, und der Mond beleuchtete mein leidenschaftliches Unternehmen. Die Nacht war windig und schauerlich, ich sprengte zu, um nicht bis morgen früh auf ihren Anblick warten zu müssen. Es war schon spät, als ich in Sesenheim mein Pferd einstellte."

Aus J. W. Goethe: Dichtung und Wahrheit.

Informationen zu Friederike Brion

Literatur wird dann lebendig, wenn das Menschliche, das Persönliche den Leser berührt und so zu einem Gleichklang führt. Es erleichtert das Verständnis, besonders aber auch das Einfühlen in „Willkommen und Abschied", wenn die Gestalt Friederikes und ihre kurze Zeit mit Goethe für dich fassbar und lebendig werden.

Hier einen Auszug aus einem „Zeit"-Artikel, die Erläuterungen stammen von mir.

Klaus Günzel: **Mädchen, das wie ich empfindet.**
So viel Frühling war nie:
Friedrike Brion liebt Goethe,
Goethe liebt Friederike Brion.

Friederike Brion von Sesenheim © ullstein bild

(...) Bleibt die Geschichte selbst, in Goethes Perspektive. Einundzwanzig ist er, Student der Rechtsgelehrsamkeit in Straßburg, als er der Achtzehnjährigen zum ersten Mal begegnet. In Dichtung und Wahrheit klingt das so: ‚Schlank und leicht, als wenn sie nichts an sich zu tragen hätte, schritt sie, und beinahe schien für die gewaltigen blonden Zöpfe des niedlichen Köpfchens der Hals zu zart. Aus heiteren blauen Augen blickte sie sehr deutlich umher, und das artige Stumpfnäschen forschte so frei in die Luft, als wenn es in der Welt keine Sorgen geben könnte; der Strohhut hing ihr am Arm, und so hatte ich das Vergnügen, sie beim ersten Blick auf einmal in ihrer ganzen Anmut und Lieblichkeit zu sehn und zu erkennen.'

Es war an einem Oktobertag des Jahres 1770, als der weltläufige und heiter aufgelegte Frankfurter Patrizierspross, eingeführt durch einen Straßburger Kommilitonen, die Schwelle des Pfarrhauses von Sessenheim, eines Dorfes im Unterelsass (von Goethe beharrlich „Sesenheim" geschrieben), überschritt. Dort waltete der Pfarrherr Johann Jakob Brion seines Amtes, umgeben von Ehefrau, zwei noch unverheirateten Töchtern und einem Sohn. Er laborierte just an den Plänen für den Bau eines neuen Pfarrhauses. Goethe ging ihm dabei zur Hand und gewann so schnell das Vertrauen des konzilianten Mannes. Ein ländliches Idyll schien sich um Pfarrhaus und Familie zu breiten – und es ist fast mehr dieser heiter-friedvolle Zauber als die Persönlichkeit Friederikes selbst, den Goethes Erinnerung bewahrt ...
(konziliant = umgänglich)

Als die heitere Jahreszeit anbrach, tanzte er mit dem Mädchen ausgelassen unter freiem Himmel und durchstreifte wilden Wegs mit ihm den nahen Oberwald. Zusammen unternahmen sie Bootspartien zu den Inseln im Rhein, der damals noch floss, wie er wollte, frei und unreguliert, und noch nicht zur schnellen Wasserstraße durchkanalisiert ...

Ein dauerndes, gar lebenslanges Dasein an der Seite des Mädchens hat er sich wohl selbst auf dem Höhepunkt seiner Leidenschaft kaum vorstellen können. Gehörten doch die beiden jungen Menschen ganz unterschiedlichen Gesellschaftssphären an. Und so anrührend, so ewig maienhaft Friederike dem jungen Poeten auch in ihrem Sesenheimer Pfarrhaus-Idyll erschien – in der Stadt, im eleganten Straßburg, wirkte sie auf den jungen Juristen eher anachronis-

tisch, wie er sich selbst gestehen musste, als sie ihn dort zusammen mit Mutter und Schwester besuchte …
(anachronistisch = wörtlich: gegen die Zeit/veraltet/„hinter dem Mond")

Das Geständnis, dass die ganze bewegende Geschichte nun an ihr Ende gelangt war, offenbarte Goethe seiner Geliebten erst von Frankfurt aus. Ihre Antwort darauf habe ihm das Herz zerrissen: ‚Ich fühlte nun erst den Verlust, den sie erlitt, und sah keine Möglichkeit, ihn zu ersetzen, ja ihn nur zu lindern.' In der Autobiografie folgt dann sogleich der Schlüsselsatz, den man ein schnörkelloses Geständnis nennen darf: ‚Hier war ich zum ersten Mal schuldig; ich hatte das schönste Herz in seinem Tiefsten verwundet, und so war die Epoche einer düsteren Reue, bei dem Mangel einer gewohnten erquicklichen Liebe, höchst peinlich, ja unerträglich.'
(Autobiografie [Selbstzeugnis] von Goethe: „Dichtung und Wahrheit")

(…) Über Lenz' Friederike liegt freilich die Melancholie einer unglücklichen Frau, die den Ersten und Einzigen nicht vergessen kann: ‚Denn immer, immer, immer doch / Schwebt ihr das Bild an Wänden noch, / Von einem Menschen, welcher kam / Und ihr als Kind das Herze nahm. / Fast ausgelöscht ist sein Gesicht, / Doch seiner Worte Kraft noch nicht. / Und jener Stunden Seligkeit, / Ach jener Träume Würklichkeit (…)'
(Reinhold Lenz, Bekannter/Freund Goethes, der sich ein Jahr nach der Trennung Goethes von ihr, um ihre Freundschaft bemühte)

Sie starb, einundsechzigjährig, im Haus ihres Schwagers zu Meißenheim bei Lahr im Badischen: am 3. April 1813, einem Samstag, just dem Tag, an dem Goethe in Weimar den dritten Teil seiner Autobiografie beendete, der auch Friederike Brion ein Denkmal setzte. Der Stein auf ihrem badischen Grabhügel erhielt erst 1866 die von dem Wiener Literaten Ludwig Eckardt verfertigte Inschrift: ‚Ein Strahl der Dichtersonne fiel auf sie, / So reich, daß er Unsterblichkeit ihr lieh.'"

Aus: Die Zeit Nr. 14 vom 27. März 2002, S. 94

Schritt 6: Epoche
Auch diesen Teil kannst du nur in deine Klausur einbauen, wenn du das notwendige **Wissen zu der Epoche** hast. (siehe Fitness-Einheit 4/Wissen) Hier wenige Informationen:

„Sturm und Drang"/Geniezeit (1767–1785)
- „Erlebnislyrik"
- Epoche der Jungen (20- bis 30-Jährigen)
- private Erlebnisse in kühner Bildlichkeit (weg von literarischen Konventionen/Regeln)/individuelle Formen
- läuft parallel zur Aufklärung, aber mit deutlicher Betonung des Emotionalen (Gefühl, Herz, Individualität, Ursprünglichkeit, Spontaneität) gegen die Überbewertung des Verstandesmäßigen
- Vergötterung der Natur, Urquell des Lebendigen und Schöpferischen
- Wichtig ist das Erleben des Original-Genies (Genie, das aus sich heraus schöpferisch ist, also seine Regeln und Gesetze selbst schafft)
- Tendenz zum Sozialkritischen

Schritt 7: Schluss

Schlage den Bogen zu dir und der heutigen Zeit, ohne aber in Peinlichkeiten und Banalitäten zu versinken. (siehe Fitness-Einheit 3/Wissen)

Und zum Schluss: Durchlesen

Fürs Durchlesen **mindestens 15 Minuten** einplanen, wobei die Arbeit mindestens einmal auf die eigenen Fehler hin durchgelesen werden sollte, z. B. das/dass, Groß- und Kleinschreibung, Kommasetzung usw. (siehe Fitness-Einheit 3/Wissen)

Johann Wolfgang von Goethe: **Willkommen und Abschied**
Erste Fassung (1771)

Mir schlug das Herz. Geschwind, zu Pferde!
Und fort, wild wie ein Held zur Schlacht.
Der Abend wiegte schon die Erde,
Und an den Bergen hing die Nacht.
Schon stund im Nebelkleid die Eiche
Wie ein getürmter Riese da,
Wo Finsternis aus dem Gesträuche
Mit hundert schwarzen Augen sah.

Der Mond von einem Wolkenhügel
Sah schläfrig aus dem Duft hervor,
Die Winde schwangen leise Flügel,
Umsausten schauerlich mein Ohr.
Die Nacht schuf tausend Ungeheuer,
Doch tausendfacher war mein Mut,
Mein Geist war ein verzehrend Feuer,
Mein ganzes Herz zerfloss in Glut.

Ich sah dich, und die milde Freude
Floss aus dem süßen Blick auf mich.
Ganz war mein Herz an deiner Seite,
Und jeder Atemzug für dich.
Ein rosenfarbes Frühlingswetter
Lag auf dem lieblichen Gesicht
Und Zärtlichkeit für mich, ihr Götter,
Ich hofft' es, ich verdient' es nicht.

Der Abschied, wie bedrängt, wie trübe!
Aus deinen Blicken sprach dein Herz.
In deinen Küssen welche Liebe,
O welche Wonne, welcher Schmerz!
Du gingst, ich stund und sah zur Erden
Und sah dir nach mit nassem Blick.
Und doch, welch Glück! geliebt zu werden,
Und lieben, Götter, welch ein Glück!

Nimm eigene Blätter und eine (Stopp-)Uhr, wir spielen jetzt eine Klausur als Probealarm durch, du bekommst noch kleinere Hilfen von mir. Miss die Zeit, die du für die einzelnen Schritte benötigst und vergleiche dann die Zeitdauer mit meiner vorgeschlagenen. In der Fitness-Einheit 3/Check hast du in das Zeitraster selbst die Minuten eingetragen, dort kannst du problemlos die jetzige Dauer eintragen und dann vergleichen. So und jetzt bist du voll gefordert, ich helfe dir nur noch ganz wenig und versehe nur noch die einzelnen Schritte mit Anweisungen!

1 **Schritt 1: Du kennst das Gedicht, lass ein Bild in dir entstehen und formuliere es in deiner Sprache.
Den Beginn habe ich dir vorgegeben, schreibe weiter, aber zügele deine Phantasie in Blick auf das Nächtliche des Liebespaares, denn davon steht nämlich nichts im Gedicht:**

Da ist da einer, vermutlich der Goethe, denn es fängt ja gleich mit „Mir“ an, der ist total verliebt und ein ganz Wilder, der die Frau machomäßig als Held kriegen will …

2 **Schritt 2: Wende deine vier Untersuchungsansätze am Gedicht an, fasse sie unten zusammen. (Siehe S. 23 / äußere Form)
Hier deine Untersuchungsansätze (1. Zeile) mit konkreten Textbeobachtungen:**

1. ______________________ Gedicht:

2. ______________________ Gedicht:

3. ____ Gedicht:

____

____

4. ____ Gedicht:

____

____

Inhalt
Formuliere den Inhalt (denke an die Zeitform Präsens, nur 8–10 Sätze), lass aber davor mindestens eine halbe Seite Platz für die Einleitung.

Einleitung
Formuliere die Einleitung (keinen der festgelegten Teile vergessen!), stelle sie vor die Inhaltsangabe.

Äußere Form
Formuliere wenige Sätze zur äußeren Form (vergiss keinen deiner Untersuchungspunkte).

3 **Schritt 3: Nenne jetzt deine persönlichen *sechs Untersuchungsansätze zur konkreten Arbeit am Text.* (Siehe S. 25 / Textgestaltung) Nachdem du sie hier unten nochmals aufgeschrieben hast, gehst du oben in den Gedichttext und schreibst rechts vom Gedicht deine Beobachtungen am Text hin und arbeitest mit deiner „Farbenlehre"! Interpretiere Strophe für Strophe, also keine erneute Inhaltswiedergabe, nur um paar Zitate ergänzt, sondern wirkliche Vertiefung.**

1. ____
2. ____
3. ____
4. ____
5. ____
6. ____

4 Schritt 4: Formuliere deinen Gesamtüberblick. Schreibe nur wenige Sätze und runde damit die konkrete Stropheninterpretation ab.

5 Schritt 5: Biografie: Wende die im Wissensteil dir gegebenen ausführlichen Informationen auf das konkrete Gedicht an, also keine Daten abspulen, sondern den biografischen Bezug mit Zitaten am Gedicht zeigen.

6 Schritt 6: Epoche: Verfahre wie bei der Biografie mit der Epoche. Stelle sie im konkreten Bezug zum Gedicht dar.

7 Schritt 7: Schließe die Gedichtinterpretation mit einem Bezug zu dir und der heutigen Zeit ab.

Und zum Ende: Durchlesen

Lies dir die Arbeit in Ruhe (circa 15 Minuten) durch und gib sie einer dir vertrauten Person mit Rechtschreibahnung. Kontrolliere, ob du den Großteil der Fehler selbst gefunden hast. Wenn nicht, überlege dir Lösungsstrategien!

Karoline von Günderrode: **Der Kuss im Traume**

Es hat ein Kuss mir Leben eingehaucht,
Gestillet meines Busens tiefstes Schmachten.
Komm, Dunkelheit! mich traulich zu umnachten,
Dass neue Wonne meine Lippe saugt.

In Träume war solch Leben eingetaucht,
Drum leb' ich, ewig Träume zu betrachten,
Kann aller andern Freuden Glanz verachten,
Weil nur die Nacht so süßen Balsam haucht.

Der Tag ist karg an liebesüßen Wonnen,
Es schmerzt mich seines Lichtes eitles Prangen
Und mich verzehren seiner Sonne Gluthen.

Drum birg dich Aug' dem Glanze irrd' scher Sonnen!
Hüll' dich in Nacht, sie stillet dein Verlangen
Und heilt den Schmerz, wie Lethes kühle Fluten.

Analysiere und interpretiere das Gedicht. Stelle dabei den Bezug des lyrischen Ichs zur Dichterin her und stelle das Gedicht in den Kontext der Epoche.

Tipp: Nimm eigene Blätter und eine (Stopp-)Uhr. Miss die Zeit, die du für die einzelnen Schritte benötigst und vergleiche dann die Zeitdauer mit meiner vorgeschlagenen. Trage die Minuten in das Zeitraster der Fitness-Einheit 3/Check ein, so hast du einen Vergleich und kannst dich nicht nur exakt kontrollieren, sondern auch zeitlich trainieren.

Informationen zu Karoline von Günderrode

Karoline v. Günderrode © ullstein bild

Von Günderrode lebte von 1780 bis 1806, sie tötete sich selbst aus Liebeskummer mit einem Dolch.
Da ihr Vater früh starb, traten bald finanzielle Probleme auf, sodass die junge Frau mit 17 als „Stiftsfräulein" im evangelischen Cronstetten-Hynspergischen Adeligen Damenstift in Frankfurt am Main aufgenommen wurde. Sie studierte Philosophie, Geschichte, Literatur und Mythologie, ergriffen war sie von Sehnsucht nach einem selbstbestimmten Leben. Ihr Liebesleben war mehr als kompliziert, sie ließ fast nichts aus, um unglücklich zu werden. „Nur das Wilde, Große, Glänzende gefällt mir." Ihre Beziehungsvorstellungen atmeten wilde Romantik und hätten sogar in der 68er-Zeit noch für Aufsehen gesorgt. Sie verliebte sich unsterblich in den bedeutenden Philologen Friedrich Creuzer, der mit einer 13 Jahre älteren Frau verheiratet war. Nun träumten beide sich in eine Beziehung zu dritt, die Ehefrau ist fürs Putzen zuständig, Karoline für die Poesie. Als Creuzer erkrankte, wurde er von seiner Ehefrau wieder gesund gepflegt und „bedankte" sich für die Pflege mit der Trennung von Karoline. Diese trug – zur

Irritation vieler – stets einen Dolch bei sich. Sie hatte sich bei einem Chirurgen genau erkundigt, welcher Stich tödlich sei, so gelang ihr der Selbstmord am Rheinufer. Ihre Leiche fand man am nächsten Tag im Wasser.

Informationen zur Epoche „Romantik" (um 1795–1848)

- gefühlte All-Einheit in Träumen und Phantasien
- Todessehnsucht, um sich im Unendlichen aufzulösen
- Starke Betonung der Nacht
- Negierung (= Verneinung) des Tages
- Versenkung ins eigene Innere
- Gefühle des Einsseins und Verschmelzens, u. a. im erotischen Erlebnis
- Historischer Hintergrund: Französische Revolution, 1789
- Gefühlte Diskrepanz zwischen Freiheitsideal (Selbstverwirklichung) und gesellschaftlicher Realität

1 Wortarten: Die Wortarten müssen sitzen, also erneuter Test, und zwar an Goethes Erinnerung an den nächtlichen Ritt zu seiner Friederike.

„Ich (1) glaubte (2), eine (3) Stimme vom (4) Himmel zu hören und eilte, was (5) ich konnte, ein Pferd zu bestellen und (6) mich (7) sauber (8) herauszuputzen. Ich schickte nach Weyland, er war (9) nicht zu finden. Dies (10) hielt meinen (11) Entschluss nicht auf, aber leider (12) verzogen sich (13) die Anstalten, und ich kam nicht so (14) früh weg, als (15) ich gehofft hatte (16). So stark ich auch ritt, überfiel mich (17) doch die Nacht. Der Weg war nicht zu verfehlen, und der Mond beleuchtete mein leidenschaftliches (18) Unternehmen. Die Nacht war windig und schauerlich, ich sprengte zu, um nicht bis morgen früh auf ihren Anblick warten zu müssen. Es war schon spät, als ich in Sesenheim mein Pferd einstellte."

Die Ziffer steht nach der gesuchten Wortart, nenne die Wortart, siehe unten. Wenn es immer noch nicht klappt, peinlich, gehe zurück zu Fitness-Einheit 2!

1 ______	10 ______
2 ______	11 ______
3 ______	12 ______
4 ______	13 ______
5 ______	14 ______
6 ______	15 ______
7 ______	16 ______
8 ______	17 ______
9 ______	18 ______

2 **Stilfiguren: So, jetzt werden auch die Stilfiguren wiederholt, diesmal gebe ich dir Stilfigur und Zitat in falscher Kombination vor. Verbinde mit Pfeilen das Zitat mit richtiger Stilfigur.**

Zitat	Begriff
Ich hofft' es, ich verdient' es nicht.	Personifikation
Ihr Götter	Personifikation
Finsternis sah aus dem Gesträuche …	Hyperbel
Der Abend wiegte die Erde	Ausruf/Emphase
Der Mond sah hervor	Hyperbel
Wie ein Held zur Schlacht	Metapher
welch Glück! geliebt zu werden, Und lieben, Götter, **welch** ein **Glück**!	Anapher
Nebelkleid	Vergleich
Die Nacht schuf Ungeheuer	Personifikation
… **tausendfacher** war mein Mut	Personifikation
Mein Geist war … Mein ganzes Herz zerfloss	Metapher
Wolkenhügel	Personifikation
Jeder Atemzug für dich	Metapher
… mit hundert Augen	Chiasmus
Die Winde schwangen leise Flügel	Anapher
Milde Freude floss auf mich	Hyperbel

3 **Benenne die einzelnen Schritte zur Interpretationsklausur und schreibe sie auswendig auf.**

Klausurlotse:

Vorarbeiten an beiden Gedichten – gemeinsame Einleitung
1. Gedicht: Kurz-Einleitung + äußere Form – Inhaltsangabe – Stropheninterpretation (Tendenz: auf Vergleich hin)
2. Gedicht: Kurz-Einleitung + äußere Form – Inhaltsangabe – Stropheninterpretation (Tendenz: auf Vergleich hin)
Vergleich (mit Einleitungssatz) – Schluss – Durchlesen

Was jetzt alles so kompliziert aussieht, ist an sich logisch aufgebaut. Hier zunächst im Überblick. Ich unterstreiche alle Punkte, die du nicht nur bereits kennst, sondern eigentlich schon ausführlich gelöst hast. Diese jeweilige Ausführlichkeit an beiden Gedichten kannst du bei einem Vergleich nicht beibehalten, es muss alles schneller und damit vom Umfang her kürzer geschehen! Für jedes einzelne Gedicht hast du ungefähr nur noch dreißig Prozent der vorherigen Zeit!

Tipp: Zeiteinteilung: zwei Gedichte plus einen Vergleich; jeder Teil braucht ungefähr die gleiche Zeit!

Ich unterstreiche jetzt die Teile, die du bereits kennst und bearbeitet hast, das dürfte dich beruhigen!

1. Einleitung zum Gedichtvergleich
2. Gedichtinterpretation „Willkommen und Abschied“
   2.1 Einleitung
   2.2 Inhaltsangabe
   2.3 Interpretation (besonders der Vergleichspunkte)
3. Gedichtinterpretation „Der Kuss im Traume“
   3.1 Einleitung
   3.2 Inhaltsangabe
   3.3 Interpretation (besonders der Vergleichspunkte)
4. Vergleich beider Gedichte
   4.1 Einleitung
   4.2 Konkreter Vergleich an ausgesuchten Aspekten
   (4.3 Einordnung in die Epochen)
5. Gemeinsamer Schluss beider Gedichte/Abrundung des Vergleichs

Tipp: Lerne diesen Überblick auswendig!

Hier jetzt die **exakte Vorgehensweise für den Gedichtvergleich** in einer Klausur. Lerne die zentralen Schritte auswendig, sodass du auch unter Stressbedingungen „dein Ding“ machen kannst! Jeden Schritt habe ich nochmals ausführlich erklärt, wobei ich die Kenntnis der vorangegangenen Fitness-Einheiten voraussetze. In diesen zurückliegenden Fitness-Einheiten bist du Schritt für Schritt bis zu dem Vergleich jetzt geführt worden, also, du hast die Sache im Griff, sei beruhigt!

1. Beide Gedichte sich überblicksmäßig durchlesen
   - zunächst ohne viel Unterstreichen, nur zentrale Aspekte
   - Frage: Worum geht es?
   - Welche Thematik steht im Zentrum?
   - Welche Motive (z. B. Tag : Nacht, Angst, Glück) dominieren?

- Wo spielt das Gedicht?
- Lässt es sich zeitlich einordnen, gar einer Epoche zuordnen?
- Wie ist das lyrische Ich definiert? Singular oder Plural? In Harmonie oder Disharmonie? Innen-/Außensicht?

Tipp: In Ruhe für beide Gedichte ein vorübergehendes Bild in sich entstehen lassen, das muss noch nicht perfekt sein!

2. Sich überlegen, wo liegen Gemeinsamkeiten, wo Unterschiede
   - Ort, Zeit, Handlung parallel oder gegensätzlich?
   - Gibt es gleiche Aspekte, die sich gleich oder entgegengesetzt deuten lassen?
   - Wie verhält sich das jeweilige lyrische Ich zueinander?
   - Wie ist die jeweilige Grundstimmung: gleich, unterschiedlich?
   - Erste gezielte Suche nach Übereinstimmungen, dann gezielte Suche nach Unterschiede
   - Vorübergehendes Bild in sich entstehen lassen, wenn man auf beide Gedichte aus der Vogelperspektive schaut

   Tipp: hier sind in den Gedichten vermutlich die Parallelen, hier wohl die Unterschiede

3. Vorarbeiten am ersten Gedicht
   - Welche Informationen bekomme ich allein durch die Überschrift?
   - Welche bekomme ich durch den Verfasser, falls ich ihn kenne oder die Lebensdaten von ihm genannt werden?
   - Äußere Form (Strophen, Metrum, Reim)
   - Inhalt, Stilfiguren, Motive, Wortarten usw.

   Tipp: entstandenes Bild immer wieder überprüfen!

4. Vorarbeiten am zweiten Gedicht
   - siehe Vorarbeiten am ersten Gedicht

5. Gemeinsamkeit oder deutlich Trennendes in Thematik und Inhalt präzise am Text herausfinden
   - Gedichte nebeneinander legen
   - zwei Farben ausschließlich für den Vergleich reservieren (eine Farbe für Gemeinsamkeiten/eine für Unterschiede)
   - konkrete Wörter, Sätze markieren
   - sich Parallelen und Unterschiede an den Rand schreiben

   Tipp: hier schon den späteren Schritt nebenbei vorbereiten

6. Sich Gedanken über die Epochenzugehörigkeit machen
   - besonderes Schwergewicht nur dann darauf legen, wenn dieser Aspekt gefordert wird, sonst könnte es zum unnötigen Risiko werden.
   - Epochenerkennung: Themen, Sichtweisen, besondere Formulierungen, Anhaltspunkt auch in den Lebensdaten der Dichter
   - Epochen-Unterschiedlichkeit beider Gedichte als Interpretationshilfe: Wenn du bestimmte Epochenmerkmale zusammengestellt hast, dann das für diese Epoche Typische im jeweiligen Gedicht suchen, um auf diesem zusätzlichen Weg Unterschiede und Parallelen der beiden Gedichte herausfinden.

7. **Thematik** und Epochen, vielleicht auch Inhalts- oder Formaspekte, **zu einer gemeinsamen Einleitung verschmelzen**
   - mit einer gemeinsamen Einleitung beginnen, die beiden Gedichten gerecht wird:
     – Was ist die Gemeinsamkeit beider Gedichte?
     – Wo liegen die sichtbarsten Unterschiede?

   Tipp: Diese zentralen Punkte zu einer gemeinsamen Einleitung verschmelzen.

8. **Kurzeinleitung und Kurzinhaltsangabe zum ersten Gedicht**
   - Hier bewährt sich das Gelernte in den vorausgehenden Fitness-Einheiten: kein Unterschied!
   - Kurzeinleitung mit Dichter, Titel und Kurzzusammenfassung (Thematik)
   - Kurzinhaltsangabe, am einfachsten an den Strophen entlang, aber alles sehr prägnant!

9. **Interpretation des ersten Gedichts** (deutlich kürzer als „Willkommen und Abschied" in der Fitness-Einheit 6)
   - muss deutlich schneller gehen als die Interpretation nur eines Gedichtes
     – stelle die Aspekte in den Interpretationsvordergrund, die du als Vergleichspunkte markiert hast!
   - Es geht weniger um eine Vertiefung der Vertiefung willen, sondern sie sollte teilweise den Vergleich vorbereiten, also dort vertiefen, wo Parallelen oder Unterschiede liegen.

10. **Epocheneinordnung am Text** (für späteren Vergleich)
    - am Text Belege für die jeweilige Epoche finden
    - Wenn in der Aufgabenstellung eine Epochenzuordnung verlangt wird, müsste diese hier geschehen, wenn nicht gefordert, könnte ein Epochenvergleich beider Gedichte als Abrundung relativ am Ende kommen.

11. **Zweites Gedicht:** Kurzeinleitung, Kurzinhaltsangabe, Interpretation und Epocheneinordnung (für späteren Vergleich)
    - siehe erstes Gedicht (9.)

12. **Vergleich Einleitung:**
    - gemeinsamen roten Faden der beiden Gedichte benennen

13. **Vergleich Gedichte:**
    - z. B. äußere Form, Inhalt/Thematik, gewählte Bilder, Einstellung des lyrischen Ichs, unterschiedliche Orte, Jahres- und Tageszeiten oder unterschiedliche Interpretation von Orten und Zeiten, Realität/Phantasie usw.

    Tipp: beide Gedichte nebeneinander legen und auf Gemeinsamkeiten und Unterschiede hin untersuchen

14. **Vergleich Epochen:**
    - unterschiedliche Epochen, hier dann den Vergleich anstellen, hat Abrundungscharakter im Blick auf die Interpretation
    - Gedichte ins Zentrum stellen, nicht die Epoche

    Tipp: Immer vom Gedicht ausgehen, am Text die Epoche zeigen

15. **Vergleich Schluss:** Abrundung des Vergleichs und Aktualisierung
    - die gemeinsame Thematik wird vermutlich unterschiedlich beleuchtet, diesen Unterschied herausgreifen und auf sich und die heutige Zeit beziehen.

- Welche unterschiedliche Sichtweise kommt dir und der heutigen Zeit am nächsten, welche ist komplett veraltet?
- Welche Botschaft will der jeweilige Dichter vermutlich geben, gilt diese Botschaft noch heute?

Tipps: Am Geschicktesten ist, die in der Einleitung genannte Thematik erneut aufzugreifen und zu aktualisieren. Abrundungssatz der gesamten Klausur sollte das Gemeinsame beider Gedichte ins Zentrum stellen und die Bedeutung für heute präzise benennen, vielleicht gar als Appell.

16. Alles nochmals in Ruhe durchlesen!
- Überblickartiges Durchlesen
- Durchlesen auf Kommafehler hin
- Durchlesen auf individuelle Fehler hin (dass/das, Groß- und Kleinschreibung usw.)
- Blätter überprüfen: Deckblatt, Namen auf jedem Blatt, Seitenzählung (dabei Reihenfolge der Blätter kontrollieren!)

Gesamter Gedichtvergleich (Klausur):

Du bist langsam für Minuten- und Seitenangaben Profi. Nach sechs Fitness-Einheiten kannst du dir jetzt deinen Zeitplan für den Gedichtvergleich selbst schreiben. Hier nochmal ein ideales Zeitschema.

Aufsatz-Teil		Minuten	Seiten
Vorarbeiten		60	
1. Gemeinsame Einleitung	(danach: 2 Zeilen frei)	10	½
2. Erste Gedichtinterpretation 2.1 Einleitung 2.2 Inhaltsangabe 2.3 Interpretation	 (1 Zeile frei) (1 Zeile frei) (danach: 2 Zeilen frei)	40	2½
3. Zweite Gedichtinterpretation 3.1 Einleitung 3.2 Inhaltsangabe 3.3 Interpretation	 (1 Zeile frei) (1 Zeile frei) (danach: 2 Zeilen frei)	40	2½
4. Vergleich beider Gedichte 4.1 Einleitung 4.2 Konkreter Vergleich an ausgesuchten Aspekten (4.3 Einordnung in die Epochen)	 (1 Zeile frei) (1 Zeile frei) (danach: 2 Zeilen frei)	30	2
5. Gemeinsamer Schluss beider Gedichte		10	½
Durchlesen (unbedingt einplanen, also entsprechend früher mit der Klausur fertig sein!!)		10	
	Gesamtzahl:	200	8

Im Kurs spielen wir jetzt all das im Wissensteil Gelernte durch, wobei du diesmal den großen Vorteil hast, dass du die gesamten Interpretationsteile eigentlich schon gemacht hast. Neuland sind für dich also nur die Einzelschritte des Vergleichs, alles andere kennst du!
Da wir uns in der letzten Fitness-Einheit befinden, wird alles der Realsituation einer Klausur stärker angepasst.

Johann Wolfgang von Goethe:
Willkommen und Abschied
Erste Fassung (1771)

Mir schlug das Herz. Geschwind, zu Pferde!
Und fort, wild wie ein Held zur Schlacht.
Der Abend wiegte schon die Erde,
Und an den Bergen hing die Nacht.
Schon stund im Nebelkleid die Eiche
Wie ein getürmter Riese da,
Wo Finsternis aus dem Gesträuche
Mit hundert schwarzen Augen sah.

Der Mond von einem Wolkenhügel
Sah schläfrig aus dem Duft hervor,
Die Winde schwangen leise Flügel,
Umsausten schauerlich mein Ohr.
Die Nacht schuf tausend Ungeheuer,
Doch tausendfacher war mein Mut,
Mein Geist war ein verzehrend Feuer,
Mein ganzes Herz zerfloss in Glut.

Ich sah dich, und die milde Freude
Floss aus dem süßen Blick auf mich.
Ganz war mein Herz an deiner Seite,
Und jeder Atemzug für dich.
Ein rosenfarbes Frühlingswetter
Lag auf dem lieblichen Gesicht
Und Zärtlichkeit für mich, ihr Götter,
Ich hofft' es, ich verdient' es nicht.

Der Abschied, wie bedrängt, wie trübe!
Aus deinen Blicken sprach dein Herz.
In deinen Küssen welche Liebe,
O welche Wonne, welcher Schmerz!
Du gingst, ich stund und sah zur Erden
Und sah dir nach mit nassem Blick.
Und doch, welch Glück! geliebt zu werden,
Und lieben, Götter, welch ein Glück!

Karoline von Günderrode:
Der Kuss im Traume

Es hat ein Kuss mir Leben eingehaucht,
Gestillet meines Busens tiefstes Schmachten.
Komm, Dunkelheit! mich traulich zu umnachten,
Dass neue Wonne meine Lippe saugt.

In Träume war solch Leben eingetaucht,
Drum leb' ich, ewig Träume zu betrachten,
Kann aller andern Freuden Glanz verachten,
Weil nur die Nacht so süßen Balsam haucht.

Der Tag ist karg an liebesüßen Wonnen,
Es schmerzt mich seines Lichtes eitles Prangen
Und mich verzehren seiner Sonne Gluthen.

Drum birg dich Aug' dem Glanze
irrd' scher Sonnen!
Hüll' dich in Nacht, sie stillet dein Verlangen
Und heilt den Schmerz, wie Lethes kühle Fluten.

Kurs 7 Gedichtvergleich

1 Schreibe jetzt die komplette Probe-Klausur, und zwar von Anfang bis zum Ende, sodass du hier die Schritte trainierst, ein Zeitgefühl bekommst, aber weißt, dass du die Gedichte bereits kennst und bearbeitet hast! Schreibe auch die Interpretationen neu, und zwar in Blick auf den Vergleich. Der Aufbau muss einer Klausur entsprechen, sonst ist es keine Übung.

Aufgabenstellung: Interpretiere und vergleiche die Gedichte.

Als Hilfe bekommst du den Überblickskasten, in den du die Minuten zur Kontrolle eintragen kannst.

Folgende Vorgaben: Du hast 200 Minuten zur Verfügung, verteile sie so, dass eine vierstündige Klassenarbeit für dich machbar wird. Schreibe die Minuten nur klein in die Tabelle, sodass du bei den Übungen die reale Zeit hineinschreiben und dich so kontrollieren kannst. So kommst du zu deinem eigenen Arbeitsprofil. Natürlich kannst du die Zeiten aus dem Wissensteil abschreiben. Das hilft dir aber bei deiner eigenen Arbeitsplanung nichts.

Aufsatz-Teil		Minuten	Seiten
Vorarbeiten			
1. Gemeinsame Einleitung	(danach: 2 Zeilen frei)		
2. Erste Gedichtinterpretation 2.1 Einleitung 2.2 Inhaltsangabe 2.3 Interpretation	 (1 Zeile frei) (1 Zeile frei) (danach: 2 Zeilen frei)		
3. Zweite Gedichtinterpretation 3.1 Einleitung 3.2 Inhaltsangabe 3.3 Interpretation	 (1 Zeile frei) (1 Zeile frei) (danach: 2 Zeilen frei)		
4. Vergleich beider Gedichte 4.1 Einleitung 4.2 Konkreter Vergleich an ausgesuchten Aspekten (4.3 Einordnung in die Epochen)	 (1 Zeile frei) (1 Zeile frei) (danach: 2 Zeilen frei)		
5. Gemeinsamer Schluss beider Gedichte			
Durchlesen (unbedingt einplanen, also entsprechend früher mit der Klausur fertig sein!!)			
	Gesamtzahl:		

Nimm für die folgende Aufgabe Extrablätter und kalkuliere entsprechend viel Zeit ein!
Mach jeden Teil nochmals, sonst ist es keine realistische Übung!

2 Vorarbeiten: Arbeite beide Gedichte in Ruhe durch, überlege dir schon im Vorfeld, wo sind Gemeinsamkeiten und Unterschiede. Da die Interpretation natürlich kürzer werden muss, als wenn du nur ein Gedicht interpretierst, arbeite bei jedem Gedicht besonders den Teil deutlich heraus, den du beim Vergleich besonders darstellen möchtest. [30–40']

3 Einleitung: Überlege dir das Gemeinsame und Trennende in Inhalt und Thematik, die Unterschiede in Metrum und Epoche, um eine gemeinsame Einleitung für beide Gedichte zu formulieren. [10']

4 Fertige eine gekürzte Gedichtinterpretation zu „Willkommen und Abschied" an. [30'] (Einleitung, Inhaltsangabe und Interpretation auf Vergleich hin)

5 Fertige eine gekürzte Gedichtinterpretation zu „Der Kuss im Traume" an. [30'] (Einleitung, Inhaltsangabe und Interpretation auf Vergleich hin)

6 Arbeite nun an den beiden Gedichten die für dich zentralen Unterschiede heraus, wobei du *nicht* (!) Strophe für Strophe vergleichen kannst, sondern du arbeitest mit Vergleichs-Aspekten und suchst dann die Belege aus beiden Gedichten. Als Richtschnur orientiere ich mich stärker am älteren Gedicht, in das ich dann das jüngere tendenziell vergleichend integriere, aber das ist nur ein kleiner Tipp, mehr auch nicht! [40']

7 Gehe am Schluss des Vergleiches noch kurz auf die beiden Epochen ein, wobei du diese an wenigen Textbelegen festmachst, dies kann natürlich bereits in der Interpretation geschehen.

8 Runde den Vergleich gedanklich differenziert ab, indem du beide Fassungen erwähnst, sie zueinander stellst, an ein oder zwei Unterschieden oder Gemeinsamkeiten eine Aktualisierung vornimmst.
Vergiss nicht, nach deinem Schluss macht der Lehrer seine Note, folglich ist ein reflektierter, relativ fehlerfreier Schluss zwingend notwendig! [10–15']

Tipp: Mache es dir zur Pflicht, alles Geschriebene nochmals in Ruhe und voller Konzentration durchzulesen. Fehlermassen entwerten dein Werk und sind einfach nur noch peinlich!

Training 7 Gedichtvergleich

Diese Trainingseinheit ist realistisches Abitursniveau, was möglicherweise auch in der Klausur angesetzt wird. Diese sehr anspruchsvolle Aufgabenstellung dürfte kaum in weniger als 300 Minuten zu lösen sein.
Von daher bekommst du jetzt keinerlei Hilfsmittel, sondern nur, wie in Klausur und Abitur auch, die Aufgabenstellung (300 Minuten Zeit):

Interpretiere und vergleiche die Gedichte.

Hans Sahl (1902–1993):
Bald hüllt Vergessenheit mich ein

Kein deutsches Wort hab ich so lang gesprochen.
Ich gehe schweigend durch das fremde Land.
Vom Brot der Sprache blieben nur die Brocken,
Die ich verstreut in meinen Taschen fand.

Verstummt sind sie, die mütterlichen Laute,
Die staunend ich von ihren Lippen las,
Milch, Baum und Bach, die Katze, die miaute,
Mond und Gestirn, das Einmaleins der Nacht.

Es hat der Wald noch nie so fremd gerochen.
Kein Märchen ruft mich, keine gute Fee.
Kein deutsches Wort hab ich so lang gesprochen.
Bald hüllt Vergessenheit mich ein wie Schnee.

Aus: Lyrik des Exils. Hrsg. Von W. Emmerich und S. Heil. Stuttgart 1985, S. 236

Hilde Domin (geb. 1909–2006):
Ars longa

Der Atem
in einer Vogelkehle
der Atem der Luft
in den Zweigen.

Das Wort
wie der Wind selbst
sein heiliger Atem
geht es aus und ein.

Immer findet der Atem
Zweige
Wolken
Vogelkehlen.

Immer das Wort
das heilige Wort
einen Mund.

Aus: Hilde Domin: Hier. Frankfurt am Main 1964, S. 61

Ars longa, vita brevis est (Seneca): Die Kunst ist lang und kurz das Leben.

Check 7 Gedichtvergleich

Dieser Check hier dient ausschließlich deiner Vorbereitung eines Gedichtvergleichs.

Du bekommst die Vorgehensschritte des Wissensteils, musst jedoch deine eigenen Schwerpunkte setzen. Lösungsmöglichkeiten findest du im Wissensteil, die Auswahl musst jedoch du treffen.

Tipp: Reduziere jeden einzelnen Schritt auf zwei, höchstens drei Fragestellungen, nicht mehr, sonst ist es nicht mehr lernbar! Wenn du diesen Check nach deinen Kriterien ausgefüllt hast, dann lerne diesen vor der Klausur auswendig.

1. Beide Gedichte sich überblicksmäßig durchlesen

2. Sich überlegen, wo liegen Gemeinsamkeiten, wo Unterschiede

3. Vorarbeiten am ersten Gedicht

4. Vorarbeiten am zweiten Gedicht

5. Gemeinsamkeit oder deutlich Trennendes in Thematik und Inhalt präzise am Text herausfinden

6. Sich Gedanken über die Epochenzugehörigkeit machen

7. Thematik und Epochen, vielleicht auch Inhalts- oder Formaspekte, zu einer gemeinsamen Einleitung verschmelzen

8. Kurzeinleitung und Kurzinhaltsangabe zum ersten Gedicht

9. Interpretation des ersten Gedichts

10. Epocheneinordnung am Text (für späteren Vergleich)

11. Zweites Gedicht: Kurzeinleitung, Kurzinhaltsangabe, Interpretation und Epocheneinordnung (für späteren Vergleich)

12. Einleitungssatz zu beiden Gedichten

13. Vergleich (Gedichte):

14. Vergleich (Epochen):

15. Schluss: Abrundung des Vergleichs und Aktualisierung

16. Alles nochmals in Ruhe durchlesen!

Kurs Seite 12–15

Aufgabe 1 bis 3:
Seite 12 f.

Die einzelnen Aufgaben werden hier zusammengenommen zu einer kompletten Inhaltsangabe, wie sie für deine Klausurrealität sinnvoll ist.
Assoziationen und Randnotizen individuell.

Bertolt Brecht: **Über die Bezeichnung Emigranten (1937)**

Immer fand ich den Namen falsch, den man uns gab: Emigranten.
Das heißt doch Auswandrer. Aber wir
Wanderten doch nicht aus, nach freiem Entschluß
Wählend ein andres Land. Wanderten wir doch auch nicht
Ein in ein Land, dort zu bleiben, womöglich für immer.
Sondern wir flohen. Vertriebene sind wir, Verbannte.
Und kein Heim, ein Exil soll das Land sein, das uns da aufnahm.

Unruhig sitzen wir so, möglichst nahe den Grenzen
Wartend des Tags der Rückkehr, jede kleinste Veränderung
Jenseits der Grenze beobachtend, jeden Ankömmling
Eifrig befragend, nichts vergessend und nichts aufgebend
Und auch verzeihend nichts, was geschah, nichts verzeihend.
Ach, die Stille der Sunde täuscht uns nicht! Wir hören die Schreie

Aus ihren Lagern bis hierher. Sind wir doch selber
Fast wie Gerüchte von Untaten, die da entkamen
Über die Grenzen. Jeder von uns
Der mit zerrissenen Schuhn durch die Menge geht
Zeugt von der Schande, die jetzt unser Land befleckt.
Aber keiner von uns
Wird hier bleiben. Das letzte Wort
Ist noch nicht gesprochen.

Aufgabe 4:
Seite 13

Diesen Gedanken der ersten Strophe vertieft die zweite Strophe, legt hier jedoch stärker das Gewicht auf den Alltag in Grenznähe, die Informationen über Deutschland erlaubt, was in der Rückschau „nichts verzeihen […]" (Z. 13) lässt.
Die dritte bringt pointiert die Vertriebenen mit der Situation in Deutschland in Verbindung, verschärft den Gegensatz und betont am Ende des Gedichts das als sicher geglaubte Wissen, in der Fremde nicht bleiben zu werden.

Die Begriffe „Auswanderer" usw. wurden als Zitatwörter bewusst kenntlich gemacht, ansonsten wird mit Zitaten äußerst zurückhaltend umgegangen, wie es der Inhaltsangabe entspricht.

Aufgabe 5:
Seite 14

Stichwörter:
Autor: Bertolt Brecht (Bertolt richtig schreiben!)
Titel: „Über die Bezeichnung Emigranten (1937)"
Textsorte: Gedicht
Äußere Form: reimlos
Kurzzusammenfassung: Emigrant/Freiheit/Vertriebener, Unfreiheit/Entschlossenheit zur Rückkehr/keinerlei Zweifel

Vorschlag für eine Einleitung:
In dem reimlosen und an vielen Stellen strukturlos erscheinenden Gedicht „Über die Bezeichnung Emigranten (1937)" wehrt sich Bertolt Brecht für sich und sein Umfeld gegen die Bezeichnung „Emigranten", die eine Freiheit der Wahl impliziert, die genau den „Vertriebenen" nicht gegeben sei. Der Unfreiheit der Flucht stellt Brecht die Entschlossenheit der Rückkehr gegenüber, die gleich einem roten Faden das gesamte Gedicht durchzieht, folglich an dem Willen des Schreibenden keinen Zweifel lässt.

Training Seite 16 f.

Aufgabe 1:
Seite 16

Dichter: Bertolt Brecht
Überschrift/Rückschlüsse: „Schlechte Zeit für Lyrik": problematische, harte Zeit, in der kein Raum für Gedichte ist, vielleicht haben die Leute auch keinen Sinn für Gedichte
Wann: 1939
Wo: Dänemark: „lustige Segel des Sundes" (Z. 8)
Wer: lyrisches Ich: wohl mit Brecht zu identifizieren (drängt ihn als Dichter zum Schreibtisch, vgl. Z. 21)
Thematik: Grund fürs Schreiben/Sicht des Negativen
Strophenzahl: sechs, alles wirkt unstrukturiert, Form und Inhalt entsprechen sich

---

Aufgabe 2:
Seite 17

Bertolt Brecht: **Schlechte Zeit für Lyrik** (1939)

Ich weiß doch: <u>nur</u> der **Glückliche**
Ist <u>beliebt</u>. Seine Stimme
Hört man gern. Sein Gesicht ist schön.

Der **verkrüppelte Baum** im Hof
Zeigt auf den **schlechten Boden**, aber
Die **Vorübergehenden** <u>schimpfen</u> ihn einen **Krüppel**
Doch mit Recht.

Die grünen **Boote** und die lustigen **Segel** des Sundes
Sehe ich **nicht**. Von allem

Sehe ich nur der Fischer **rissiges Garnnetz**.
Warum **rede** ich **nur davon**

Daß die vierzigjährige **Häuslerin gekrümmt** geht?
Die Brüste der Mädchen
Sind warm wie ehedem.

In meinem Lied ein **Reim**
Käme mir fast vor wie **Übermut**.

In mir streiten sich
Die **Begeisterung** über den blühenden **Apfelbaum**
Und das **Entsetzen** über die Reden des **Anstreichers**.
Aber nur das **zweite**
Drängt mich, zum **Schreibtisch**

Inhaltsangabe in Stichwörtern:

- Schlechte Zeit für Lyrik begründet mit Gegensatzpaaren:
  - Glückliche: verkrüppelter Baum
  - Grüne Boote: rissiges Garnnetz

- Schattenseite interessiert lyrisches Ich nur
  - Folge: keinen Reim

- Zentraler Gegensatz:
  - Blühender Apfelbaum: Reden des Anstreichers
  - Zweites: Grund zum Schreiben

Einleitung in Stichwörtern:
Autor: Bertolt Brecht
Titel: „Schlechte Zeiten für Lyrik" (1939)
Textsorte: Gedicht
Äußere Form: reimlos/erscheint unstrukturiert
Kurzzusammenfassung:

- Interesse des lyrischen Ichs an der Schattenseite seiner Zeit, seines Aufenthaltortes
- Begründet: Reimlosigkeit/Schreiben

Check

Seite 18 f.

Aufgabe 1:
Seite 18

siehe deine Zusammenstellung (Fragenkatalog/Feuerwehrmethode) zu Beginn des Teils „Wissen"

Aufgabe 2:
Seite 18

Wir (1) hören (2) die (3) Schreie (4) aus (5) ihren (6) Lagern bis hierher (7). Sind (8) wir doch selber fast wie Gerüchte von Untaten, die (9) da (10) entkamen über (11) die Grenzen. Jeder (12) von uns, der (13) mit zerrissenen (14) Schuhn durch die Menge geht, zeugt von der Schande, die (15) jetzt (16) unser (17) Land befleckt (18).

1 Personalpronomen	10 Adverb
2 Verb	11 Präposition
3 bestimmter Artikel	12 Indefinitpronomen
4 Nomen	13 Relativpronomen
5 Präposition	14 Adjektiv
6 Possessivpronomen	15 Relativpronomen
7 Adverb	16 Adverb
8 Verb	17 Possessivpronomen
9 Relativpronomen	18 Verb

Aufgabe 3:
Seite 18

Nachdem Brecht in Dänemark angekommen war (1), musste er sich zunächst um eine Bleibe kümmern (2). Es war ihm wichtig gewesen (3), in Grenznähe sein Exil zu wählen. So haben ihm immer wieder Leute berichtet (4), was in Deutschland geschehen ist (5), wie mit ihnen umgegangen worden ist (6). Dieses Leid der Menschen beschäftigte Brecht ungemein (7), er identifizierte sich mit den Betroffenen (8), war er doch selber vertrieben worden (9). Doch Brecht war sich sicher: „Ich werde in ein freies Deutschland zurückkehren (10)."

1 Aktiv/Plusquamperfekt	6 Passiv/Perfekt
2 Aktiv/Präteritum	7 Aktiv/Präteritum
3 Aktiv/Plusquamperfekt	8 Aktiv/Präteritum
4 Aktiv/Perfekt	9 Passiv/Plusquamperfekt
5 Aktiv/Perfekt	10 Aktiv/Futur I

Aufgabe 4:
Seite 19

a) vier Teile einer Einleitung:
Dichter, Titel, Textsorte (Gedicht/Sonett), Kurzzusammenfassung

b) Hinzufügungen
Thematik, Epoche, Äußere Form (Metrum, Strophenzahl)

Aufgabe 5:
Seite 19

Fehler bei Inhaltsangaben und Vermeidungsstrategien
Beim Blick in den Text kippst du leicht in die Vergangenheit, die dann den weiteren Teil der Inhaltsangabe bestimmt.
Du kannst dies vermeiden, indem du dich nur auf die markierten Wörter im Gedicht konzentriert.
Falls du ein Konzept machst, was sich bei einer Inhaltsangabe anbietet, kontrolliere alle Verben auf die Zeitform!

Kurs

Seite 23–31

Aufgabe 1:
Seite 23

Titel: „Über die Bezeichnung Emigranten"
Thema: Begriff, Leben und Empfindungen von Emigranten

Aufgabe 2:
Seite 23

a)
Strophen: 3
Zentrale Mittelstrophe: gibt es nicht
Gleiche Zeilenzahl: nein (1. Strophe 7 Zeilen, 2. Strophe 6 Zeilen, 3. Strophe 8 Zeilen)
Metrum: nein
Reimschema: nein
Satzwiederholung: nein
Parallele erste und letzte Strophe: Exilgedanke wird am Schluss deutlich verstärkt

b)
Bei diesem Brecht-Gedicht fällt formal aufgrund des Druckbilds auf, dass es aus drei Strophen mit unterschiedlicher Zeilenzahl besteht. Die erste Strophe umfasst sieben Zeilen, die zweite sechs und die dritte acht. Weder ist ein Reimschema noch ein Metrum erkennbar. Die Sprache ist stark an Prosa angelehnt. Diese erste Beobachtung deckt sich mit Brechts Überzeugung, dass die Unordnung der Zeit auch in Ungeordnetem der Sprache sich widerzuspiegeln habe, folglich eine Übereinstimmung in Form und Inhalt sich ergeben müsse. Von daher ist auf diesen gestalterischen Aspekt Brechts bei der Interpretation des Gedichts von 1937 ein besonderes Augenmerk zu richten.

Aufgabe 3:
Seite 25

Es werden nur die Punkte aufgeführt, die sich auf das Brecht-Gedicht anwenden lassen.

Inhaltliche Gliederung: 3 Teile (1. Teil Definition, 2. Teil Situation, 3. Teil Überzeugung der Heimkehr)
Überschrift: passt zum Inhalt, siehe 1. Strophe
Lyrisches Ich: schwankend zwischen Singular und Plural (Gruppe der Exilanten), die biografischen Daten sprechen dafür vom Dichter als lyrischem Ich zu sprechen. (s. auch Einheit 4)
Antithetische Struktur: wir gegen Vertreiber, Heim gegen Exil, äußere Stille gegen inneres Hören („Schreie" [Z. 14])
Konnotationen: Emigranten (Assoziationen gelten nicht für Exilanten, sie sind Vertriebene, siehe 1. Strophe)
Enjambement: laufend, am deutlichsten zw. 2. und 3. Strophe
Grammatikauffälligkeiten: z. T. pathetische Sprache in der 1. Str., die mit klaren Aussagen (Parataxe) kontrastiert („Sondern wir flohen" [Z. 6]), viele Partizipien Präsens in der 2. Strophe, viele Inversionen
Hypotaxe / Parataxe: Zeile 4 f. (Hypotaxe), Kontrast Z. 6 (Parataxe), siehe Grammatikauffälligkeiten
Natur: wird bewusst ignoriert, um sensibel zu bleiben für die Probleme
Gesellschaft: Exilant ist im Exil Außenseiter, aber auch in der Heimat in Blick auf die dort ihn vertreibende Gesellschaft

Aufgabe 4:
Seite 28

a) Selbstcharakterisierung: Außenseiter
b) Seelische Lage: innere Unruhe bei gleichzeitiger Sicherheit der Rückkehr
c) Verhältnis zur Außenwelt: Gegenwelt/Disharmonie, Verhältnislosigkeit zur Natur

---

Aufgabe 5:
Seite 28

Hier sind individuelle Lösungen möglich. Ein ausformulierter Lösungsvorschlag findet sich in Aufgabe 6.

Aufgabe 6:
Seite 30

Lösungsvorschlag zu der 2. und 3. Strophe:
Das Adverb „Unruhig" (Z. 8) als Beginn der zweiten Strophe verstärkt die gefühlte Heimatlosigkeit, „unruhig sitzen wir" (Z. 8), es scheint, als säßen sie auf gepackten Koffern, jederzeit auf dem Sprung die nahe Grenze Richtung Deutschland zu überqueren, diese Hoffnung spiegelt sich in der bewusst gewählten Grenznähe („möglichst nahe den Grenzen" Z. 8) und im Tun („Wartend des Tags der Rückkehr" Z. 9) wider, wobei dieser Wunsch pathetisch in ein Partizip Präsens, verbunden mit einem Genitiv und einem Genitivattribut, gekleidet ist, wodurch wiederum die grammatikalische Struktur die sprachliche Aussage stützt. Verbindet man die Verben in der Partizipialform, so fasst Brecht präzise Situation, Sehnsucht und Entschlossenheit: „Wartend" (Z. 9), „kleinste Veränderung ... beobachtend" (Z. 10), „jeden Ankömmling ... befragend" (Z. 10 f.), „nichts vergessend und nichts aufgebend" (Z. 11). Mit der Konjunktion „Und auch" (Z. 12) kommt ein weiterer emotionaler Aspekt ins Spiel, bei dem „offene Rechnungen" anklingen: „Und auch verzeihend nichts, was geschah, nichts verzeihend." (Z. 12). Wieder greift Brecht auf die bereits oben benutzte Stilfigur der Ummantelung zurück, wobei hier fast schon von einer „sprachlichen Zwiebelform" gesprochen werden kann: Im Zentrum steht der Relativsatz „was geschah" (Z. 12), dieser wird umgrenzt durch das Indefinitpronomen „nichts", dieses wiederum bezieht sich auf das Partizip Präsens „verzeihend", das die äußere Hülle der sprachlichen Konstruktion bildet, hier wieder der Einklang von Aussage und Satzbau, nichts wird vergessen, nichts wird verziehen, „das letzte Wort ist noch nicht gesprochen" (Z. 20 f.). Die Interjektion „Ach" (Z. 13) retardiert für einen Augenblick, lässt Atemholen für einen anderen Aspekt, der die Gegenwärtigkeit der Situation in Deutschland ins Zentrum rückt. Nein, die Geflohenen lassen sich nicht von der „Stille der Sunde" (Z. 13), von Ort, Landschaft und Sicherheit täuschen, im Gegenteil, genau diese Stille lullt sie nicht ein, sondern lässt sie „die Schreie/Aus ihren Lagern bis hierher [hören]" (Z. 13 f.), wobei die zweite Strophe mit „Schreie" (Z. 13) endet, folglich allein schon durch das Druckbild die hörbare Verzweiflung betont, um dann die dritte Strophe mit „Aus ihren Lagern bis hierher" (Z. 14) zu beginnen. Die innere Aufmerksamkeit wird auch durch die Satzkonstruktion hervorgehoben, die mit dem ‚Hören' beginnt, in die dritte Strophe überleitet und erst dort mit „bis hierher" (Z. 14) endet. So spiegelt sich das Überbrückende von Distanz auf der Inhaltsebene wider im Überspringen in die dritte Strophe, folglich die für Brecht typische Einheit von Inhalt, Satzkonstruktion und hier zusätzlich noch Druckbild.

In der dritten Strophe wird dann der Gedanke an „die Schreie aus ihren Lagern" (Z. 13 f.) aufgegriffen und auf Brecht und sein Umfeld bezogen: „Sind wir doch selber/Fast wie Gerüchte von Untaten, die da entkamen/Über die Grenzen" (Z. 14 f.). Das, was in den Lagern geschieht, auch wenn dies nicht genau zu fassen ist („Gerüchte von Untaten" (Z. 15)), personifiziert sich in den Entkommenen, macht sie zu Trägern, Boten von Untaten „jenseits der Grenze" (Z. 10), in diesen „Verbannte[n]" (Z. 6) scheinen die Schreie widerzuhallen, die sie, die „Vertriebene[n]" (Z. 6), über die Grenze trieben. Dieser Gedanke wird nun konkretisiert in dem Satz „Jeder von uns/Der mit zerrissenen Schuhn durch die Menge geht/Zeugt von der Schande, die jetzt unser Land befleckt" (Z. 16 ff.). „Jeder von uns" (Z. 16) schließt niemanden aus, er wird jedoch nicht aus freiem Willen, aus eigener Überzeugung zum Zeugen der Schande, er wird es aufgrund der Situation, die sich in den „zerrissenen Schuhn" (Z. 17) zeigt, er wird es, weil die anderen bei seinem Gehen durch die Menge dies in ihm sehen. Armut paart sich mit Unfreiheit und Exil. Auffallend und bezeichnend ist die antithetische Struktur des Relativsatzes „... die jetzt unser Land befleckt" (Z. 18). In dem Possessivpronomen „unser" identifiziert sich Brecht mit Deutschland. Er bleibt ein Teil von ihm, er fühlt sich als Teil von ihm, obgleich „Schande ... [es] befleckt" (Z. 18), genau die Schande, die ihn aus seinem Land trieb, die bewirkte, dass er in der Gegenwärtigkeit nur begrenzt von „meinem Land" sprechen kann; wobei Brecht zwischen der Schande und „unser[em] Land" (Z. 18) zeitlich differenziert. Sein Land wird bestehen bleiben, die Schande jedoch vergehen, diese felsenfeste Überzeugung lässt Brecht nicht nur von „unser[em] Land" (Z. 18) sprechen, sondern dieses Gedicht schreiben und der Überzeugung Ausdruck verleihen in dem in der nächsten Zeile folgenden Satz: „Aber keiner von uns Wird hier bleiben" (Z. 19 f.); wieder das adversative „aber", wieder die Betonung des Exils, wieder die Ablehnung eines Einrichtens auf Dauer. Es ist alles eine Frage der Zeit, denn „Das letzte Wort/Ist noch nicht gesprochen" (Z. 20 f.).

Aufgabe 7:
Seite 31

Beim Betrachten des gesamten Gedichts zeigt sich eine Bewegung von der theoretischen Reflexion des Begriffs „Emigrant[ ]" (Z. 1) über die Beschreibung der Exil-Situation in der zweiten Strophe bis zur identifizierenden Auseinandersetzung mit der Lagersituation in der dritten, die die „Vertriebene[n]" (Z. 6) zu Trägern dessen macht, was ihre Vertreibung bedingt. Dieses Paradoxon, aber auch die im Gedicht ausführlich geschilderte Lage der Exilanten gipfelt in der am Schluss nochmals aufgegriffenen Überzeugung: „Aber keiner von uns/Wird hier bleiben." (Z. 19 f.)

Training Seite 32

Aufgabe:
Seite 32

Hier werden jetzt nur wenige Stichworte gegeben, da sich vieles an das Brecht-Gedicht „Über die Bezeichnung Emigranten" anlehnt. Hier steht die individuelle Schülerleistung im Zentrum, die jetzt nur noch weniger Impulse bedarf.

Schritt 1: Erster Eindruck
Titel: „Keine Zeit für Lyrik"
Thema: Warum die Zeiten nicht so sind, um Gedichte zu schreiben.

Schritt 2: Äußere Form:
6 Strophen mit uneinheitlicher Verszahl, weder Metrum noch Reim,

Schritt 3: Textgestaltung
- Lyrisches Ich bestätigt nach außen das Positive („Ich weiß doch" [Z. 1]), in Wirklichkeit interessiert dieses Positive es nicht („Sehe ich nicht" [Z. 9])

- Die Form spiegelt die inhaltliche Aussage wider: „In meinem Lied ein Reim/Käme mir fast vor wie Übermut." (Z. 15 f.)

Schritt 4: Stropheninterpretation / Randnotizen
Extrem viele Gegensatzpaare:
- Strophe 1 nur positiv: „Glückliche", „beliebt", „schön"; 2. Strophe negativ: „verkrüppelte[r] Baum", „schlechte[r] Boden", „schimpfen"
- Strophe 3: Positive wird nicht gesehen, dafür aber das „rissige[ ] Garnnetz" (Beginn 4. Strophe)
- Kritische Frage an das lyrische Ich nach der ständig negativen Sicht („[gekrümmte] Häuslerin") trotz der warmen „Brüste der Mädchen" (positiv)
- Das zum Reim drängende Positive, z. B. Liebesgedicht, wird als „Übermut" bezeichnet.
- Dies wird in der letzten Strophe erklärt: nicht das Positive (z. B. „blühende[r] Apfelbaum") treiben das lyrische Ich an den Schreibtisch, sondern das „Entsetzen" über Hitlers Reden.

Schritt 5: Gedichtinterpretation / Formulierung
Das vorgegebene Wissen, auf das das lyrische Ich verweist, scheint auf den ersten Blick klar: „Der Glückliche ist beliebt" (Z. 1 f.). Gleich Positives gilt für „Stimme" (Z. 2) und „Gesicht" (Z. 3). Kontrastierend und das vorgegebene Wissen bestätigend wird auf den „verkrüppelte[n] Baum im Hof" verwiesen, den die „Vorübergehenden (...) einen Krüppel [schimpfen]" (Z. 6), „[d]och mit Recht"(Z. 7). Dieser allgemeinen Normalität widerspricht die dritte Strophe, das Lebensfreudige „des Sundes" (Z. 8) wird ignoriert, dafür das „rissige[ ] Garnnetz" (Z. 10) ins Zentrum gerückt, eine Gegenwelt zum Beginn wird bewusst aufgebaut. In der vierten Strophe prallt das Antithetische aufeinander: Die „[gekrümmte] Häuslerin" (Z. 12) wird kontrastiert mit den warmen „Brüste[n] der Mädchen" (Z. 16). Sie „[s]ind warm wie ehedem" (Z. 17). Das Positive ist noch immer vorhanden, es ist sichtbar, doch es interessiert das lyrische Ich nicht. Es grenzt sich bewusst gegen die positive Sicht, die für die Allgemeinheit steht, ab und im Leser entsteht die Frage, weshalb das Positive so bewusst ignoriert wird. Diese Ignoranz wird auch auf den Reim übertragen. Reimen, Tändeln, schöne Gedichte schreiben sind der Zeit unangemessen. Wieder drängt sich die Frage nach dem Warum auf, noch immer wird die Antwort verzögert. Jetzt wird das Antithetische retardierend ins lyrische Ich verlagert, „Begeisterung über den blühenden Apfelbaum" (Z. 18) streitet sich mit dem „Entsetzen über die Reden des Anstreichers" (Z. 19) und erst jetzt kommt die Antwort auf das irritierte Fragen des Lesers: Das Entsetzen über Hitler zwingt das lyrische ich an den Schreibtisch, lässt ihn Gedichte schreiben, die aus der Perspektive des Entsetzen gestaltet werden.

Schritt 6: Gesamtüberblick
Gegensatzpaare und Sicht des Negativen haben die Zielrichtung zu erklären, warum „Schlechte Zeit für Lyrik (1939)" herrsche.

Check Seite 33 f.

Antworten dazu im Wissensteil der Einheit

Kurs

Seite 36 f.

Aufgabe 1:
Seite 36

1 Persönliche Kritik: Brechts Unterscheidung von Vertriebenen und Auswanderern, problematisiere seine klare Unterscheidung
2 Thematik: Heimatlosigkeit (aktuell)
3 Aktualisierung: Flüchtlingsströme heute, aber auch: Flüchtlinge bei uns
4 Wirkung: damals und heute, exakte Beschreibung der Gefühlslage (eigenes Erleben Brechts)
5 Botschaft/Appell: menschliches Einfühlungsvermögen in die Lage von Fremden

Unwichtig:
Kontrast von Parataxe (Flucht ins Exil) und Hypotaxe (Auswanderung)
Widerspiegelung des Denkens der Schriftsteller damals
Anschluss Österreichs 1938 ans Deutsche Reich: Exilanten mussten in ferne Länder fliehen

---

Aufgabe 2:
Seite 37

Nach der Interpretation des Gedichtes stellt sich die kritische Frage, ob die pointierte Unterscheidung zwischen Vertriebenen und Auswanderern, die für das gesamte Gedicht konstitutiv ist, sich so halten lässt. Viele, die sich in den vergangenen Jahrhunderten als Auswanderer bezeichneten, gemäß Brecht „nach freiem Entschluß/Wählend ein andres Land" (Z. 3 f.), wanderten selten aufgrund von Entscheidungsfreiheit aus, sondern wegen politischer Unfreiheit, religiöser Intoleranz und drohender Hungersnot. Was jedoch Exilanten von Auswanderern in der Tat unterscheidet, ist der zeitliche Aspekt, worauf Brecht in seinem Gedicht nicht umsonst seinen Schwerpunkt legt.

Aufgabe 3:
Seite 37

Weswegen das Gedicht noch heute seine Aktualität nicht eingebüßt hat, liegt in der präzisen Beschreibung der Gefühlslage von Menschen in der Heimatlosigkeit. Auch wenn Brecht die politische Entwicklung falsch einschätzte, so bleibt doch die intensive Wirkung der Sehnsucht erhalten, bald, schnellstmöglich an den Ort wieder zurückkehren zu können, den man mit Heim, Heimat und Freiheit verbindet. Diesen Aspekt der Sehnsucht nach dem Vertrauten, nach dem Bergenden und Geborgenheit Schenkenden trifft nicht nur auf Menschen in den Flüchtlingsströmen der Welt zu, sondern auch auf Menschen, die bei uns leben, die zu uns kamen, ohne jemals bei uns anzukommen, manche von ihnen sind „selber Fast wie Gerüchte von Untaten" (Z. 14 f.), ihnen ein Stückweit mehr Verständnis entgegenzubringen, ihre Gefühle zu erfassen, dafür wirbt nicht nur das Brecht-Gedicht, sondern macht sensibel.

Lösungen 3 Schluss

Training
Seite 38

Aufgabe:
Seite 38

Stichwörter für einen möglichen Schluss:
- Thematik: Offenheit für die Schattenseite des Lebens/für die Probleme anderer
- Wirkung: durch die Kontrastierung von Licht und Schatten/Positivem und Negativem wird nicht nur die eigene Wertung kritisch hinterfragt, sondern auch in eine bestimmte Richtung gelenkt (Sehen der Not)
- Aktualisierung: oft bewusstes Ausblenden der Schattenseiten oder diese nur distanziert ohne innere Betroffenheit wahrnehmen (Talkshows im Fernsehen, Nachmittagsserien usw.)
- Botschaft/Appell: bei der Wahrnehmung des Negativen nicht stehen bleiben, sondern dies zu eigenem Engagement führen lassen (bei Brecht: Schreiben)

Check
Seite 39 f.

Aufgabe 1:
Seite 39

Schlechte Schlüsse
1. Schluss
   - viel zu allgemein
   - Der Beginn passt fast auf jedes Gedicht und ist dadurch nichts sagend. (Solche Sätze unbedingt weglassen!)
   - Insgesamt geht der Schluss banal weiter, die Aktualisierung wirkt platt und undifferenziert.
   - Die Abrundung ist eine allgemeine Lebensweisheit, die hier vollkommen fehl am Platz ist.
2. Schluss
   - Zwar wurde die Thematik richtig erfasst, doch dann verrennt sich der Schreiber in ein aktuelles Problem und macht daraus fast schon eine freie Erörterung zu aktuellen Flüchtlingsströmen.
   - Es fehlt die Anbindung an das Gedicht.

Aufgabe 2:
Seite 40

- **Füller** und Ersatzpatronen (!) (im Abitur sollte Füller benutzt werden, gewöhn dich jetzt schon daran, nicht erst im Abitur!)
- **Uhr** (ein Handy ist keine Uhr, sondern ein Täuschungsversuch!)
- **Lineal**
- Verschieden farbige **Kugelschreiber/Marker** und/oder Buntstifte
- **Schreibblock** (liniert zur Abiturvorbereitung)

Aufgabe 3:
Seite 40

Aufsatz-Teil	Minuten	Seiten
Vorbereitung der Gedichtinterpretation	50–60	
1. Einleitung (danach: 2 Zeilen frei)	5–10	¼–½
2. Inhaltsangabe (danach: 2 Zeilen frei)	15	½–1
3. Interpretation • formaler Aufbau/äußere Form (1 Zeile frei) • Interpretation/Zeile für Zeile (1 Zeile frei) • Interpretation/Gesamtüberblick (1 Zeile frei) • Biografie/Bezug zum Gedicht (1 Zeile frei) • Epoche/Bezug zum Gedicht (2 Zeilen frei)	90	5–8 (⅓) 3–5 (½) (½) (½)
4. Schluss	10	½–1
5. Durchlesen (unbedingt einplanen, also entsprechend früher mit der Klausur fertig sein!!)	10–15	

Hier jetzt am Ende des ersten Teils (Einheiten 1–3) der gesamte Aufsatz gemäß des Aufsatz-Kastens:

In dem reimlosen und an vielen Stellen strukturlos erscheinenden Gedicht „Über die Bezeichnung Emigranten (1937)" wehrt sich Bertolt Brecht für sich und sein Umfeld gegen die Bezeichnung „Emigranten", die eine Freiheit der Wahl impliziert, die genau den „Vertriebenen" nicht gegeben sei. Der Unfreiheit der Flucht stellt Brecht die Entschlossenheit der Rückkehr gegenüber, die gleich einem roten Faden das gesamte Gedicht durchzieht, folglich an dem Willen des Schreibenden keinen Zweifel lässt.

Schon in der ersten Strophe kontrastiert Brecht „Auswanderer" (Z. 2) mit „Vertriebene[n]" (Z. 6), um allein durch die Begrifflichkeit die Unfreiheit, hier konkret die Vertreibung, zu betonen, gleichzeitig aber auch die Absehbarkeit des erzwungenen Aufenthalts. Diesen Gedanken vertieft die zweite Strophe, legt hier jedoch stärker das Gewicht auf den Alltag in Grenznähe, die Informationen über Deutschland erlaubt. Die dritte bringt pointiert die Vertriebenen mit der Situation in Deutschland in Verbindung, verschärft den Gegensatz und betont am Ende des Gedichts das als sicher geglaubte Wissen, in der Fremde nicht bleiben zu werden.

Bei diesem Brecht-Gedicht fällt formal aufgrund des Druckbilds auf, dass es aus drei Strophen mit unterschiedlicher Zeilenzahl besteht. Die erste Strophe umfasst sieben Zeilen, die zweite sechs und die dritte acht. Weder ist ein Reimschema noch ein Metrum erkennbar. Die Sprache ist stark an Prosa angelehnt. Diese erste Beobachtung deckt sich mit Brechts Überzeugung, dass die Unordnung der Zeit auch in Ungeordnetem der Sprache sich widerzuspiegeln habe, folglich eine Übereinstimmung in Form und Inhalt sich ergeben müsse. Von daher ist auf diesen gestalterischen Aspekt Brechts bei der Interpretation des Gedichts von 1937 ein besonderes Augenmerk zu richten.

Die Überschrift „Über die Bezeichnung Emigranten (1937)" hat ihre Entsprechung in der ersten Zeile. Schon hier verwirft Brecht den Begriff „Emigranten" (Z. 1) als Bezeichnung, die „man [den Flüchtenden] gab" (Z. 1). Diese Aussage wird verstärkt durch die Inversion, die das Adverb „immer" (Z. 1) gleich an den Beginn des Satzes stellt. „Immer fand ich den Namen falsch" (Z. 1). Der folgende Relativsatz „... den man uns gab" (Z. 1) verzögert noch immer die Auflösung, um welchen Begriffe es gehe, und verweist zusätzlich darauf, dass es ein den Flüchtenden angehefteter sei, wobei das Indefinitpronomen „man" (Z. 1) die Nichtfassbarkeit der Täter betont. Erst jetzt, am Ende der ersten Zeile, fällt das Wort „Emigrant[ ]" (Z. 1), das sofort als „Auswandrer" (Z. 2) übersetzt wird. Dieses Wort wird sprachlich in dem trennbaren Verb „auswandern" wieder aufgenommen, um in einem Sprachspiel zwischen „auswandern" und „einwandern" zu zeigen, wovon Brecht sich abgrenzt. Diese Abgrenzung wird zusätzlich in dem adversativen „Aber" (Z. 2) als Satzbeginn noch weiter unterstrichen. Das positiv besetzte „Aus- und Einwandern" umschließt den Einschub „nach freiem Entschluß/Wählend ein andres Land" (Z. 3 f.) und definiert damit, was Brecht unter „Auswandrer" (Z. 2) versteht und weswegen er „Emigrant" als Fremdwort für „Auswanderer" für sich und sein Umfeld nicht akzeptiert. Das Pathos, das das Partizip Präsens „Wählend" (Z. 4), das zwischen „freiem Entschluß" (Z. 3) und „andres Land" (Z. 4) steht, folglich in Satzstellung und Inhalt nochmals die Freiheit der Wahl betont, widerspiegelt, dieses Pathos wird durch das folgende adversative „Sondern" (Z. 6) zerstört, aus der Hypotaxe oben wird die parataktische Aussage „Sondern wir flohen" (Z. 6). Die Parataxe steht in ihrer Klarheit, Kompromisslosigkeit und Härte der Hypotaxe einer Auswanderung aus freien Stücken kontrastierend gegenüber, die Aussage wird folglich nicht nur in der Wortwahl getroffen, sondern auch in der Satzstruktur. Dies betont auch die Inversion „Vertriebene sind wir, Verbannte" (Z. 6), beide Nomen, in denen eine Alliteration anklingt, umrahmen sprachlich die Betroffenen („… sind wir …" Z. 6) und definieren damit schon in der Wortstellung das Schicksal der Flüchtenden. Dieses Schicksal der „Vertriebene[n]" (Z. 6) wird in der letzten Zeile der ersten Strophe bewusst angenommen: „Und kein Heim, ein Exil soll das Land sein, das uns da aufnahm" (Z. 7). Das Modalverb „sollen" unterstreicht den Willen der Flüchtenden, das aufnehmende Land nicht zu einem „Heim" (Z. 7), einem Ort der Geborgenheit, einem Ort der Dauer zu machen, sondern es nur als „Exil" (Z. 7), als zeitlich bemessene Durchlaufstation, zu akzeptieren.

Das Adverb „Unruhig" (Z. 8) als Beginn der zweiten Strophe verstärkt die gefühlte Heimatlosigkeit, „unruhig sitzen wir" (Z. 9), es scheint, als säßen sie auf gepackten Koffern, jederzeit auf dem Sprung die nahe Grenze Richtung Deutschland zu überqueren. Diese Hoffnung spiegelt sich in der bewusst gewählten Grenznähe („möglichst nahe den Grenzen" Z. 8) und im Tun („Wartend des Tags der Rückkehr" Z. 9) wider, wobei dieser Wunsch pathetisch in ein Partizip Präsens, verbunden mit einem Genitiv und einem Genitivattribut, gekleidet ist, wodurch wiederum die grammatikalische Struktur die sprachliche Aussage stützt. Verbindet man die Verben in der Partizipialform, so fasst Brecht präzise Situation, Sehnsucht und Entschlossenheit: „Wartend" (Z. 9), „kleinste Veränderung … beobachtend" (Z. 9 f.), „jeden Ankömmling … befragend" (Z. 10 f.), „nichts vergessend und nichts aufgebend" (Z. 11). Mit der Konjunktion „Und auch" (Z. 12) kommt ein weiterer emotionaler Aspekt ins Spiel, bei dem „offene Rechnungen" anklingen: „Und auch verzeihend nichts, was geschah, nichts verzeihend." (Z. 12). Wieder greift Brecht auf die bereits oben benutzte Stilfigur der Ummantelung zurück, wobei hier fast schon von einer „sprachlichen Zwiebelform" gesprochen werden kann: Im Zentrum steht der Relativsatz „was geschah" (Z. 12), dieser wird umgrenzt durch das Indefinitpronomen „nichts", dieses wiederum bezieht sich auf das Partizip Präsens „verzeihend", das die äußere Hülle der sprachlichen Konstruktion bildet, hier wieder der Einklang von Aussage und Satzbau, nichts wird vergessen, nichts wird verziehen, „das letzte Wort ist noch nicht gesprochen" (Z. 20 f.). Die Interjektion „Ach" (Z. 13) retardiert für einen Augenblick, lässt Atemholen für einen anderen Aspekt, der die Gegenwärtigkeit der Situation in Deutschland ins Zentrum rückt. Nein, die Geflohenen lassen sich nicht von der „Stille der Sunde" (Z. 13), von Ort, Landschaft und Sicherheit täuschen, im Gegenteil, genau diese Stille lullt sie nicht ein, sondern lässt sie „die Schreie/Aus ihren Lagern bis hierher [hören]" (Z. 13 f.), wobei die zweite Strophe mit „Schreie" (Z. 13) endet, folglich allein schon durch das Druckbild die hörbare Verzweiflung betont, um dann die dritte Strophe mit „Aus ihren Lagern bis hierher" (Z. 14) zu beginnen. Die innere Aufmerksamkeit wird auch durch die Satzkonstruktion hervorgehoben, die mit dem ‚Hören' beginnt, in die dritte Strophe überleitet und erst dort mit „bis hierher" (Z. 14) endet. So spiegelt sich das Überbrückende von Distanz auf der Inhaltsebene wider im

Überspringen in die dritte Strophe, folglich die für Brecht typische Einheit von Inhalt, Satzkonstruktion und hier zusätzlich noch Druckbild.

In der dritten Strophe wird dann der Gedanke an „die Schreie aus ihren Lagern" (Z. 13 f.) aufgegriffen und auf Brecht und sein Umfeld bezogen: „Sind wir doch selber / Fast wie Gerüchte von Untaten, die da entkamen / Über die Grenzen" (Z. 14 f.). Das, was in den Lagern geschieht, auch wenn dies nicht genau zu fassen ist („Gerüchte von Untaten", Z. 15), personifiziert sich in den Entkommenen, macht sie zu Trägern, Boten von Untaten „jenseits der Grenze" (Z. 10), in diesen „Verbannte[n]" (Z. 6) scheinen die Schreie widerzuhallen, die sie, die „Vertriebene[n]" (Z. 6), über die Grenze trieben. Dieser Gedanke wird nun konkretisiert in dem Satz „Jeder von uns / Der mit zerrissenen Schuhn durch die Menge geht / Zeugt von der Schande, die jetzt unser Land befleckt" (Z. 16 ff.). „Jeder von uns" (Z. 16) schließt niemanden aus, er wird jedoch nicht aus freiem Willen, aus eigener Überzeugung zum Zeugen der Schande, er wird es aufgrund der Situation, die sich in den „zerrissenen Schuhn" (Z. 17) zeigt, er wird es, weil die anderen bei seinem Gehen durch die Menge dies in ihm sehen. Armut paart sich mit Unfreiheit und Exil. Auffallend und bezeichnend ist die antithetische Struktur des Relativsatzes „... die jetzt unser Land befleckt" (Z. 18). In dem Possessivpronomen „unser" identifiziert sich Brecht mit Deutschland. Er bleibt ein Teil von ihm, er fühlt sich als Teil von ihm, obgleich „Schande ... [es] befleckt" (Z. 20), genau die Schande, die ihn aus seinem Land trieb, die bewirkte, dass er in der Gegenwärtigkeit nur begrenzt von „meinem Land" sprechen kann, wobei Brecht zwischen der Schande und „unser[em] Land" (Z. 18) zeitlich differenziert. Sein Land wird bestehen bleiben, die Schande jedoch vergehen, diese felsenfeste Überzeugung lässt Brecht nicht nur von „unser[em] Land" (Z. 18) sprechen, sondern dieses Gedicht schreiben und der Überzeugung Ausdruck verleihen in dem in der nächsten Zeile folgenden Satz: „Aber keiner von uns / Wird hier bleiben" (Z. 19 f.); wieder das adversative „aber", wieder die Betonung des Exils, wieder die Ablehnung eines Einrichtens auf Dauer, es ist alles eine Frage der Zeit, denn „Das letzte Wort / Ist noch nicht gesprochen" (Z. 20 f.).

Beim Betrachten des gesamten Gedichts zeigt sich eine Bewegung von der theoretischen Reflexion des Begriffs „Emigrant[ ]" (Z. 1) über die Beschreibung der Exil-Situation in der zweiten Strophe bis zur identifizierenden Auseinandersetzung mit der Lagersituation in der dritten, die die „Vertriebene[n]" (Z. 6) zu Trägern dessen macht, was ihre Vertreibung bedingt. Dieses Paradoxon, aber auch die im Gedicht ausführlich geschilderte Lage der Exilanten gipfelt in der am Schluss nochmals aufgegriffenen Überzeugung: „Aber keiner von uns / Wird hier bleiben." (Z. 19 f.)

Nach der Interpretation des Gedichtes stellt sich die kritische Frage, ob die pointierte Unterscheidung zwischen Vertriebenen und Auswanderern, die für das gesamte Gedicht konstitutiv ist, sich so halten lässt. Viele, die sich in den vergangenen Jahrhunderten als Auswanderer bezeichneten, gemäß Brecht „nach freiem Entschluß / Wählend ein andres Land" (Z. 3 f.), wanderten selten aufgrund von Entscheidungsfreiheit aus, sondern wegen politischer Unfreiheit, religiöser Intoleranz und drohender Hungersnot. Was jedoch Exilanten von Auswanderern in der Tat unterscheidet, ist der zeitliche Aspekt, worauf Brecht in seinem Gedicht nicht umsonst seinen Schwerpunkt legt.

Weswegen das Gedicht noch heute seine Aktualität nicht eingebüßt hat, liegt in der präzisen Beschreibung der Gefühlslage von Menschen in der Heimatlosigkeit. Auch wenn Brecht die politische Entwicklung falsch einschätzte, so bleibt doch die intensive Wirkung der Sehnsucht erhalten, bald, schnellstmöglich an den Ort wieder zurückkehren zu können, den man mit Heim, Heimat und Freiheit verbindet. Diesen Aspekt der Sehnsucht nach dem Vertrauten, nach dem Bergenden und Geborgenheit Schenkenden trifft nicht nur auf Menschen in den Flüchtlingsströmen der Welt zu, sondern auch auf Menschen, die bei uns leben, die zu uns kamen, ohne jemals bei uns anzukommen, manche von ihnen sind „selber Fast wie Gerüchte von Untaten" (Z. 14 f.), ihnen ein Stückweit mehr Verständnis entgegenzubringen, ihre Gefühle zu erfassen, dafür wirbt nicht nur das Brecht-Gedicht, sondern macht sensibel.

Kurs

Seite 44–46

Aufgabe 1:
Seite 44

Nur individuelle Lösungen möglich

Aufgabe 2:
Seite 45

Z. 8: „möglichst nahe den Grenzen"
Z. 13: „Stille der Sunde" (Dänemark)

Bertolt Brecht: **Über die Bezeichnung Emigranten (1937)**

Immer fand ich den Namen falsch, den man uns gab: Emigranten.
Das heißt doch Auswandrer. Aber wir
Wanderten doch nicht aus, nach freiem Entschluß
Wählend ein andres Land. Wanderten wir doch auch nicht
Ein in ein Land, dort zu bleiben, womöglich für immer.
Sondern wir flohen. Vertriebene sind wir, Verbannte.
Und kein Heim, ein Exil soll das Land sein, das uns da aufnahm.

Unruhig sitzen wir so, möglichst nahe den Grenzen
Wartend des Tags der Rückkehr, jede kleinste Veränderung
Jenseits der Grenze beobachtend, jeden Ankömmling
Eifrig befragend, nichts vergessend und nichts aufgebend
Und auch verzeihend nichts, was geschah, nichts verzeihend.
Ach, die Stille der Sunde täuscht uns nicht! Wir hören die Schreie

Aus ihren Lagern bis hierher. Sind wir doch selber
Fast wie Gerüchte von Untaten, die da entkamen
Über die Grenzen. Jeder von uns
Der mit zerrissenen Schuhn durch die Menge geht
Zeugt von der Schande, die jetzt unser Land befleckt.
Aber keiner von uns
Wird hier bleiben. Das letzte Wort
Ist noch nicht gesprochen.

Aus Bertolt Brecht: Große kommentierte Berliner und Frankfurter Ausgabe in 12 Bänden. Gedichte 2. Suhrkamp Verlag, Frankfurt/M. 1988, S. 81.

Aufgabe 3:
Seite 45

Gestützt wird die in der Interpretation getroffene Vermutung, das lyrische Ich sei mit dem Dichter gleichzusetzen, durch die Biografie Brechts. Direkt nach dem Reichstagsbrand am 27. Februar 1933 flüchtete Brecht mit seiner Frau Helene Weigel nach Prag, wobei er seine Kinder betreut zurückließ. Weitere Fluchtorte waren Wien, Zürich, Paris bis nach Dänemark, wo er mit Unterbrechungen bis 1939 lebte. Der Titel des besprochenen Gedichts enthält die Jahreszahl „1937" und weist damit auf Brechts Aufenthalt in Dänemark hin, gestützt wird dies auch durch die geografische Notiz „Sund[ ]" (Z. 13). Zu diesem Zeitpunkt ist die Familie wieder vereint, was erklärt, weshalb Brecht in dem Gedicht fast immer in der 1. Person Plural spricht. Vermutlich benutzt auch Brecht den Plural, weil er sich als Teil einer großen Exilantengruppe versteht. Diese Übereinstimmung von Geschriebenem und Erlebtem begründet die intensive Wirkung dieser drei Strophen.

Aufgabe 4:
Seite 46

Nur individuelle Lösungen möglich

Aufgabe 5:
Seite 46

Das Gedicht deckt sich nicht nur mit der Biografie Brechts, sondern spiegelt auch das Denken vieler Schriftsteller in der Zeit vor dem Zweiten Weltkrieg wider, der braune Spuk sei bald vorbei, es bestehe kein Grund im aufnehmenden Land heimisch zu werden (vgl. Z. 7), die Rückkehr sei folglich nur eine Frage der Zeit. Diese Überzeugung bedingte auch, weshalb sich die Vertriebenen zunächst im benachbarten Ausland niederließen, um weiter mit der Heimat, mit der Muttersprache, mit den Lesern in Verbindung zu bleiben, aber auch um schnell wieder zurückzukehren. Mit dem „Anschluss" Österreichs und dem Ausbruch des Zweiten Weltkriegs änderte sich schlagartig die Lage der Exilanten; sie mussten in vom Krieg ferne Länder (USA, Lateinamerika) fliehen und waren somit von Heimat, Sprache und Leserschaft abgeschnitten. Doch von dieser Entwicklung zeugt dieses Gedicht noch nicht, es atmet die Naivität der Vorkriegszeit, auf gepackten Koffern nahe Deutschland auf das schnelle Ende des Dritten Reiches warten zu können. In diesem Punkt ist Brecht ein Kind seiner Zeit, hellsichtig nur bei der schnellen Flucht nach dem Reichstagsbrand, dann jedoch Opfer seines eigenen Wunschdenkens, was ihn mit vielen seiner Epoche verbindet.

Training Seite 47

Vieles kann vom Kursteil übernommen werden, muss jedoch auf die Stellen des zweiten Brecht-Gedichtes angewandt werden.

Z. 8: „Die grünen Boote und die lustigen Segel des Sundes"
Z. 13: „der Fischer rissiges Garnnetz"
Z. 15 + 16: „In meinem Lied ein Reim/Käme mir fast vor wie Übermut"
(= „Schlechte Zeit für Lyrik (1939)"
Z. 19: „das Entsetzen über die Reden des Anstreichers"
Z. 20 + 21: „Aber nur das zweite/Drängt mich, zum Schreibtisch"

Check

Seite 48 f.

Dieser dient ausschließlich der individuellen Vorbereitung des Schülers auf die morgige Klassenarbeit.

Aufgabe 1:
Seite 48

1. Epoche: Sturm und Drang (um 1765–1785)
   - Epoche junger Menschen
   - Betonung des Gefühls, des Herzens, Gegenposition zur Ratio/Vernunft (Aufklärung)
   - Individualität zählt, nicht Regelpoetik; Begriff des Originalgenies
   - Hinwendung zur Natur
   - Gefühl der Allverbundenheit
2. bis 4. Epoche individuell nach Wahl. Nutze zur Überprüfung deiner Wahl den Wissensteil.

Aufgabe 2:
Seite 49

individuelle Nennung

Kurs

Seite 58–60

Aufgaben 1 bis 4:
Seite 59

Johann Wolfgang von Goethe: **Willkommen und Abschied**
Erste Fassung (1771)

Mir schlug das Herz. Geschwind, zu Pferde!
Und fort, wild wie ein Held zur Schlacht. *Vergleich*
Der Abend wiegte schon die Erde,
Und an den Bergen hing die Nacht.
Schon stund im Nebelkleid die Eiche *Metapher*
Wie ein getürmter Riese da,
Wo Finsternis aus dem Gesträuche
Mit hundert schwarzen Augen sah.

Der Mond von einem Wolkenhügel *a w*
Sah schläfrig aus dem Duft hervor, *b m*
Die Winde schwangen leise Flügel, *a w*
Umsausten schauerlich mein Ohr. *b m*
Die Nacht schuf tausend Ungeheuer, *a w*
Doch tausendfacher war mein Mut, *b m* *Hyperbel*
Mein Geist war ein verzehrend Feuer, *a w*
Mein ganzes Herz zerfloss in Glut. *b m*
(…)

Aufgabe 5:
Seite 59

Mir schlug das Herz. Geschwind, zu **Pferde**!	a	w
Und fort, wild wie ein Held zur **Schlacht**.	b	m
Der Abend wiegte schon die **Erde**,	a	w
Und an den Bergen hing die **Nacht**.	b	m
Schon stund im Nebelkleid die **Eiche**	a	w
Wie ein getürmter Riese **da**,	b	m
Wo Finsternis aus dem **Gesträuche**	a	w
Mit hundert schwarzen Augen **sah**.	b	m

Reimschema: Kreuzreim/Kadenzwechsel
Metrum: vierfüßiger (-hebiger) Jambus

Aufgabe 6:
Seite 60

Gedicht-Zitate	Stilfigur
Wie ein Held zur Schlacht	Vergleich
Der Abend wiegte die Erde	Personifikation
Nebelkleid	Metapher/Neologismus
Finsternis sah aus dem Gesträuche …	Personifikation
… mit hundert Augen	Hyperbel
Der Mond sah hervor	Personifikation
Wolkenhügel	Metapher/Neologismus
Die Winde schwangen leise Flügel	Personifikation
Die Nacht schuf Ungeheuer	Personifikation
… **tausendfacher** war mein Mut	Hyperbel
Mein Geist war … Mein ganzes Herz zerfloss	Anapher/Parallelismus
Milde Freude floss auf mich	Metapher
Jeder Atemzug für dich	Hyperbel/Ellipse
Ihr Götter	Ausruf, Emphase
Ich hofft' es, ich verdient' es nicht.	Anapher
welch Glück! <u>geliebt zu werden</u>, Und <u>lieben</u>, Götter, **welch** ein **Glück**!	Chiasmus

Training

Seite 61

Aufgabe 1 bis 3:
Seite 61

Text	Reimschema	Kadenz
Es hat ein Kuss mir Leben eingehaucht,	a	m
Gestillet meines Busens tiefstes Schmachten.	b	w
Komm, Dunkelheit! mich traulich zu umnachten,	b	w
Dass neue Wonne meine Lippe saugt.	a	m
(*zweites Quartett wie erstes*)		
Der Tag ist karg an liebesüßen Wonnen,	c	w
Es schmerzt mich seines Lichtes eitles Prangen	d	w
Und mich verzehren seiner Sonne Gluthen.	e	w
Drum birg dich Aug' dem Glanze irrd' scher Sonnen!	c	w
Hüll' dich in Nacht, sie stillet dein Verlangen	d	w
Und heilt den Schmerz, wie Lethes kühle Fluten.	e	w

Reimschema: umarmender Reim (Quartette), verschränkter Reim (Terzette)/Kadenzwechsel
Metrum: fünffüßiger (-hebiger) Jambus

Aufgabe 4:
Seite 61

Gedicht-Zitate	Stilfigur
Es hat ein Kuss mir Leben eingehaucht	Inversion, Metapher
Gestillet … Schmachten	Metapher
Komm, Dunkelheit!	Imperativ/Anrufung
In Träumen war solch Leben eingetaucht	Metapher
Die Nacht … haucht	Personifikation
Der Tag ist karg an … Wonnen	Metapher
Es schmerzt mich seines Lichtes eitles Prangen	Personifikation
Seiner Sonne Gluthen	Metapher
Drum birg dich Aug'	Imperativ/Anrufung
Hüll dich in Nacht	Imperativ/Metapher
Sie stillet dein Verlangen Und heilt den Schmerz	Personifikation/Metapher
Wie Lethes kühle Fluten	Vergleich

Check

Seite 62 f.

Aufgabe 1 und 2:
Seite 62

siehe ausführliche Darstellung im Wissensteil

Aufgabe 3:
Seite 62

Gedichtzitat	Metrum	Kadenz
Bunt sind schon die Wälder	Trochäus/3-hebig	weiblich
Mit Lieb bin ich umfangen	Jambus/3-hebig	weiblich
Freiheit, die ich meine,/die mein Herz erfüllt	Trochäus/3-hebig	männlich
In einem kühlen Grunde	Jambus/3-hebig	weiblich
Also lautet der Beschluss:/ Dass der Mensch was lernen muss.	Trochäus/4-hebig	männlich
Die Mitternacht zog näher schon	Jambus/4-hebig	männlich
Ich bin der wohlbekannte Sänger	Jambus/4-hebig	weiblich
Preisend mit viel schönen Reden/ Ihrer Länder Wert und Zahl	Trochäus/4-hebig	weiblich/männlich
Eia, popeia, was raschelt im Stroh	Daktylus/4-hebig	männlich

Aufgabe 4:
Seite 63

Gedicht-Zitate	Stilfigur
Die Nacht ist dunkel, der Tag ist hell.	Parallelismus
Warm und kalt	Antithese
Noch jemand ohne Fahrschein	Ellipse
Dieb, Wüstling, Mörder	Klimax
Raumpflegerin statt Putzfrau	Euphemismus
Rechteckiges Viereck	Pleonasmus
Ihr seid mir tapfere Helden!	Ironie
Quadratur des Kreises	Oxymoron
Ganz Deutschland wurde blamiert!	Hyperbel
Er ist nicht dumm.	Litotes
Kunst und Wissenschaft gehen Hand in Hand.	Personifikation
Persil bleibt Persil.	Tautologie
Er hat einen Mund wie ein Scheunentor.	Hyperbel
Weiser Narr	Oxymoron
Tritt frisch auf! Tu's Maul auf! Hör bald auf!	Parallelismus
Licht der Wahrheit	Metapher

Wissen

Seite 64–69

Aufgaben 1 und 2:
s. Wissen in den Einheiten 1 und 2.

Kurs

Seite 70–73

Aufgabe 1:
Seite 71

Fortführung des Gedicht-Bildes von Schülern:

Da ist da einer, vermutlich der Goethe, denn es fängt ja gleich mit „Mir“ an, der ist total verliebt und ein ganz Wilder, der die Frau machomäßig als Held kriegen will. Es ist Abend, egal, springt aufs Pferd und ab geht's in den Wald. Dann wird es immer finsterer und der Wald macht ihm schon Angst, richtig schauerlicher Zauberwald, wo er nicht so genau weiß, wer hinter dem nächsten Baum steht. Aber unser Typ ist natürlich ein Held, der sieht zwar überall Gefahren und Ungeheuer, aber lässt sich durch nichts aufhalten, seine Liebesleidenschaft treibt ihn voran, allen Gefahren zum Trotz. Er ist innerlich ganz bei seiner Geliebten.
Dann kommt er bei ihr an. Vermutlich ist die ganz schön überrascht, es ist ja Nacht und plötzlich kommt der da angaloppiert …

Aufgabe 2:
Seite 71

Das Goethe-Gedicht „Willkommen und Abschied“, geschrieben 1771 in vierfüßigem Jambus mit Kreuzreim, atmet schon im Titel das Gegensätzliche: Ankunft und Abschied. Das lyrische Ich, das mit Goethe zu identifizieren ist, reitet in einem angsteinflößenden Nachtritt – getrieben von Sehnsucht – zu seiner Geliebten, verbringt die Nacht mit ihr und nimmt am Morgen unter Tränen Abschied. Zeitlich, sprachlich und inhaltlich ist das Gedicht der Epoche „Sturm und Drang“ zuzuordnen.

Kurz entschlossen reitet das lyrische Ich noch bei anbrechendem Abend zu seiner Geliebten. Der nächtliche Wald lässt einer ängstigenden Phantasie viel Raum. Verschiedene Elemente der Furcht einflößenden Natur werden geschildert, doch all diesen trotzt die Entschlossenheit des Liebenden, ihn treibt die Sehnsucht nach seiner Geliebten vorwärts.
Bei seiner Ankunft wandeln sich die Schrecken des nächtlichen Ritts in sanfte Beglückung der Begegnung mit der Geliebten und er fühlt eine tiefe Nähe zu ihr, die er selbst kaum fassen kann.
Die letzte Strophe thematisiert den Abschied, der durch die ausgetauschten Zärtlichkeiten der kurzen Nacht noch schmerzhafter wird. Mit Tränen in den Augen sieht das lyrische Ich der Geliebten nach, um sich im gleichen Moment bewusst zu werden, was es bedeutet, geliebt zu werden und zu lieben.

Aufgabe 3:
Seite 72

Textbeobachtungen ausformuliert

Das Gedicht umfasst vier Strophen mit jeweils acht Zeilen. Es ist in vierfüßigem Jambus geschrieben mit Kreuzreim, wobei ein Kadenzwechsel vorliegt. Der Wechsel von weiblicher und männlicher Kadenz, aber auch das Metrum, das beim Lesen zum Teil einen zum Metrum unterschiedlichen Rhythmus fordert, erinnert an das Reiten, den Hufschlag des Pferdes. Insgesamt wird das Visuelle stark betont: „Ich sah dich, und die milde Freude/Floß aus dem süßen Blick auf mich" (Z. 17 f.). Auch fällt die Schnelligkeit des Wechsels auf: Abend, Nacht, Gemeinsamkeit, Abschied, die vier Nomen entsprechen Überschriften zu den vier Strophen. Das Antithetische durchzieht das Gedicht gleich einem roten Faden: Willkommen, Abschied oder „Wonne" (Z. 28), „Schmerz" (Z. 28), was in der gleichen Zeile aufeinander prallt und so noch das Gegensätzliche intensiviert. Alles scheint der zentralen Aussage am Schluss des Gedichtes entgegen zu eilen: „Und doch, welch Glück! Geliebt zu werden,/Und lieben, Götter, welch ein Glück!" (Z. 31 f.)

„Mir schlug das Herz" (Z. 1): Persönlicher ist ein Gedichtbeginn kaum zu denken. Mit dem Personalpronomen „Mir" als erstes Wort wird sofort das lyrische Ich ins Zentrum gerückt, betont durch eine Inversion. Diese starke Emotion des Herzens, Periphrase für „Liebe", fordert, ja befiehlt, Handeln und zwar sofortiges: „Geschwind, zu Pferde!" (Z. 1). Dieses Drängende erhält inhaltlich eine zusätzliche Betonung: „wie ein Held zur Schlacht" (Z. 2). Als „Held[en]" definiert sich das lyrische Ich und die „Schlacht" ist Ort der Bewährung, wobei hier zunächst offen bleibt, ob der Held sich bei nächtlichem Ritt zu bewähren hat oder im Kampf um das Herz der Geliebten. Zunächst dominieren aber in den ersten zwei Zeilen Entschlossenheit, Heldenmut und Kampfeswillen, ausgelöst durch Liebessehnsucht.

Der Rahmen ist gewiesen, der „Vorhang" zum Nachtritt öffnet sich. Zunächst beruhigen noch mütterliche Elemente: „Der Abend wiegte schon die Erde" (Z. 3), der Abend als Amme der Erde, die diese in den Schlaf wiegt, wobei zusätzlich in weiblicher Kadenz „Pferde" (Z. 1) und „Erde" (Z. 3) stehen im Gegensatz zur männlichen Kadenz „Schlacht" (Z. 2) und „Nacht" (Z. 4). So weist schon die männliche Kadenz in eine „härtere" Richtung: „Schlacht" und „Nacht". Die wiegende Abend-Amme weicht am Ende der ersten Strophe der „Finsternis" (Z. 7), die „[m]it hundert schwarzen Augen [sieht]" (Z. 8). Die friedlich erscheinende Eiche „im Nebelkleid" (Z. 5) wird schon in der nächsten Zeile zum „getürmte[n] Riese[n]" (Z. 6), der ängstigt. Diese zwei Zeilen gleichen einer Brücke zur Finsternis mit ihren „hundert schwarzen Augen" (Z. 8). Die Personifikation, die „Finsternis ... [sieht]" (Z. 7 f.), diese Vermenschlichung des Antimenschlichen, erhöht nochmals den Schrecken.

Parallel zur ersten Strophe beginnt auch hier die Naturschilderung friedlich, „[d]er Mond ... [sieht] schläfrig ... hervor" (Z. 10) und auch die Metapher „Wolkenhügel" (Z. 9) zeugt von der Fähigkeit Goethes in wenigen bildhaft gefassten Naturbeobachtungen den Leser mit in diese noch friedlich geschilderte Nachtstimmung zu nehmen. Die Personifikation „Die Winde schwangen leise Flügel" (Z. 11) lässt den Leser den Windhauch auf seiner Haut spüren, den sanften Hauch des Frühlings. Doch genau diese Winde mit ihren „leise[n] Flügel[n]" (Z. 11) „[umsausen] schauerlich [sein] Ohr" (Z. 12).

Es ist diese Antithetik, diese Schrecknis des Friedlichen, derer sich auch Steven King in seinen Horrorfilmen bedient, um das Entsetzen zu steigern. Während noch in der ersten Strophe die „Finsternis ... mit hundert schwarzen Augen [sieht]" (Z. 8), so ist es jetzt die Nacht, die „tausend Ungeheuer" (Z. 13) schafft. Die Hyperbel „hundert" (Z. 8) wird nun überboten durch die Zahl „tausend" (Z. 13). Und aus den sehenden „Augen" (Z. 8) der ersten Strophe werden nun durch die Nacht geschaffene „Ungeheuer" (Z. 13), ein Szenario ähnlich wie aus „Herr der Ringe", ein Heer der Ungeheuer, Geschöpfe dunkler Mächte und gleich ausgerichtet. Aber mit dem <u>adversativen</u> (= entgegensetzend) „Doch" (Z. 14) stehen schon die lichten Kräfte bereit, die „tausend Ungeheuer" (Z. 13) in ihre Schranken zu weisen, denn „tausendfacher", die dritte Steigerung der Hyperbel, ist der Mut des lyrischen Ichs. Das Possessivpronomen „mein" (Z. 14) unterstreicht den entschlossenen Mut. Die Triade mit dem Possessivpronomen „mein": „Mut" (Z. 14), „Geist" (Z. 15) und „Herz" (Z. 16), wird zu einem menschlichen Zauberstab, dessen Mächtigkeit noch durch „Feuer" (Z. 15) und „Glut" (Z. 16) erhöht wird, mit dem das lyrische Ich alle „schwarzen Augen" (Z. 8) und „tausend Ungeheuer" (Z. 13) bannt, „wild wie ein Held zur Schlacht" (Z. 2). Die Kontrastierung von „Nacht" (Z. 13) und „Feuer" (Z. 15), was den „Geist" (Z. 15) des lyrischen Ichs lodernd durchdringt und vorantreibt, kann kaum deutlicher gesetzt werden. Und auch das „in Glut" (Z. 16) zerfließende Herzen erinnert an das Leuchten glühenden Stahls in Gießereien. Das Herz wird für sie neu gegossen hin zu ihr.

Mit der Parataxe „Ich sah dich" (Z. 17) kommt erneut ein Umschwung. Den „Helden" der zweiten Zeile umweht „milde Freude" (Z. 17); er hat den Kampf bestanden, Mut gezeigt, ist seinem Herzen gefolgt, nun ändert dieses „Ich sah dich" (Z. 17) alles, die klare Satzstruktur unterstreicht den Wandel. In der Begegnung des Ichs mit dem Du wandelt sich dieses zu einem neuen Ich, das männlich Trotzende gibt sich dem Weiblichen und seiner Attributierung (= charakterisierende Beifügung) hin: „milde Freude" (Z. 17), „süße[r] Blick" (Z. 18). Dieses umschmeichelt ihn und lässt ihn ganz im Du aufgehen: „Ganz war mein Herz an deiner Seite, / Und jeder Atemzug für dich" (Z. 19 f.). Selbst das uns am Leben Erhaltende, der Atemzug, wird zu einem Atmen für sie. „Und jeder Atemzug für dich" (Z. 20) bedingt drei Zeilen darunter „Zärtlichkeit für mich". Die zweite Person Singular und die erste Person Singular werden durch die gleiche Präposition aneinander geknüpft. In der Hingabe an das Du wird das Ich zum Beschenkten, das nur noch emphatisch ausrufen kann: „... ihr Götter, / Ich hofft' es, ich verdient' es nicht" (Z. 24).

Wieder ein Beginn der Klarheit in der letzten Strophe: „Der Abschied" (Z. 25), der genauer gefasst wird in der Reihung „wie bedrängt, wie trübe!" (Z. 25). „Wie bedrängt" (Z. 25) steht für die fehlende Zeit der Gemeinsamkeit, für den zu früh kommenden Morgen und erinnert als Topos (= festgelegte Form) an die Tagelieder im Mittelalter, in denen das zum Vollzug kommt, was in der „höfischen Minne" ein unerfülltes Sehnen, Mühen und Streben stets bleiben muss, die geschlechtliche Vereinigung. Ob Goethe damit Rückschlüsse auf die gemeinsame Nacht geben möchte oder nur den ihm bekannten Topos nutzt, bleibt offen. Das zeitlich Bedrängende an sich lässt inhaltlich keinerlei Rückschlüsse zu.

Bestand die zweite Strophe noch aus einer Triade mit dem Possessivpronomen „mein", ändert sich jetzt alles in das Possessivpronomen „dein": „deine[ ] Blicke[ ]" (Z. 26), „dein Herz" (Z. 26) und „deine[ ] Küsse[ ]" (Z. 27) und gipfelt in der Triade: „welche Liebe, / O welche Wonne, welcher Schmerz!" (Z. 27). Die zwei Seiten der Liebe sind Wonne und Schmerz, gerade im Abschied wird dies jedem Liebenden schmerzhaft bewusst.

„Du gingst, ich stund und sah zur Erden / Und sah dir nach mit nassem Blick." (Z. 29 f.) Sie begleitet ihn noch ein kleines Stück des Weges und kehrt dann zurück, während er allein mit Tränen in den Augen zurückbleibt. Nicht unbedingt das Bild des Helden vom Anfang des Gedichts. Goethe als der „neue Mann"; in der Epoche des „Sturm und Drang" war dies möglich, später nochmals in der Romantik.

Die Abrundung des Gedichts liegt in dem Chiasmus „Und doch, welch Glück! geliebt zu werden, / Und lieben, Götter, welch ein Glück!" (Z. 31 f.). Das Glück umrahmt hier die zwei existentiellsten Säulen des Menschseins: lieben und geliebt werden! Von der Menschheitsentwicklung, aber auch von der christlichen Religion gehen dem Lieben das Geliebt-Werden voraus, nur die bedingungslos geschenkte Liebe, psychologisch ausgedrückt, das Urvertrauen, macht uns erst liebesfähig. Auch in „Willkommen und Abschied" wird diese Reihenfolge eingehalten. Als Beschenkter und damit Veränderter verlässt Goethe die Geliebte: „Und lieben, Götter, welch ein Glück!"

Aufgabe 4:
Seite 73

Im Gesamtüberblick zeigt sich die klare Struktur des Gedichts: Ritt durch nächtliche Gefahren zur Geliebten, verändernde Begegnung mit ihr und schmerzhafter Abschied. Die erste und die letzte Zeile umrahmen das Gedicht und zeigen den Liebenden als den Aktiven, sowohl in der Tat am Anfang als auch in der Liebe am Schluss. Dazwischen liegen Bewährung und Veränderung. Der Liebende der Schlusszeilen ist weitaus tiefer durchdrungen als der Handelnde des Anfangs.

Auffallend sind die Pronomen. In der zweiten Strophe kommt das Possessivpronomen „mein" gleich viermal vor. Nimmt man in der 3. Strophe die zwei letzten Zeilen weg, so zeigt sich ein ausgewogenes Verhältnis von jeweils drei Pronomen in der ersten und zweiten Person Singular, was den harmonischen Gleichklang der Liebenden widerspiegelt. Es ist dieser harmonische Gleichklang, der die jeweilige Emphase mit dem Anruf der „Götter" des beglückend Beschenkten in den letzten zwei Zeilen der letzten zwei Strophen bedingt. Doch stellen die beiden Schlusszeilen der letzten Strophe, das Glück von Lieben und Geliebt-Werden, die beiden Schlusszeilen der dritten Strophe („Und Zärtlichkeit für mich" [Z. 23 f.]) deutlich in den Schatten. Wie in hebräischen Sentenzen (= Sinnsprüche) ist auch in „Willkommen und Abschied" alles auf die Schlussaussage hin ausgerichtet, auf Lieben und Geliebt-Werden.

Aufgabe 5:
Seite 73

Das Gedicht lässt sich ziemlich genau in Goethes Biografie einordnen. In mehreren lyrischen Werken, den so genannten Sesenheimer Gedichten, preist der junge Student das Glück des Verliebten, bezogen auf die Pfarrerstochter Friederike Brion. Er lernt sie im Oktober 1770 im Kreis ihrer Familie kennen, ein Studienfreund führt ihn in die Pfarrersfamilie ein. Goethe und Friederike verbringen knapp ein Jahr unbeschwerten Verliebtseins, bis er im August 1771 von seinem Vater zur Promotion nach Frankfurt beordert wird. Schriftlich beendet Goethe von Frankfurt aus die Beziehung, was in Friederike tiefe seelische Verletzungen hinterlässt, was Goethe in „Dichtung und Wahrheit" mit Schuldgefühlen erwähnt. Die dortigen Schilderungen Friederikes decken sich mit ihrer Charakterisierung im Gedicht („milde Freude" [Z. 17] und „liebliche[s] Gesicht" [Z. 22]). Weiter findet sich Aufbruch und nächtlicher Ritt im Gedicht nahezu identisch in seiner Autobiografie. Folglich lässt sich „Willkommen und Abschied" in das Frühjahr 1771 datieren.

Aufgabe 6:
Seite 73

Nicht nur vom Verfassungsdatum her gehört das Gedicht in die Epoche „Sturm und Drang", auch von seiner inhaltlichen und sprachlichen Gestaltung. Literarisch werden plötzlich tändelnde, sprachlich galante Rokoko-Konventionen verlassen und wandeln sich in emotionale Stimmungsbilder, unmittelbare Darstellungen, die das junge Individuum ins Zentrum rücken. In der Parataxe „Mir schlug das Herz" (Z. 1) als Beginn steckt der gesamte Ansatz einer gegen Regeln rebellierenden Generation. Das Individuum ist mit dem Personalpronomen „Mir" im Mittelpunkt, Thema und Auslöser ist sein „Herz", Periphrase für die Liebe, Privates wird schlagartig öffentlich. Im „Held[en]" (Z. 2), der zur Schlacht zieht, spiegelt sich das Original-Genie, das aus sich heraus lebt und entschlossen ist, seine Sicht von Tun und Leben durchzusetzen. Auch die präzisen Naturschilderungen in den Metaphern von „Nebelkleid" (Z. 5) und „Wolkenhügel" (Z. 9) zeigen eine Generation, die sich in der Natur bewegt und für sie innerlich offen ist. Und die für die Epoche typische Emotionalität begegnet einem in „Willkommen und Abschied" auf Schritt und Tritt, z. B. in den zwei letzten Zeilen der zweiten Strophe: „Geist", „Feuer", „Herz", „Glut", dazu kommen noch die männlichen Tränen in Zeile 30, sichtbarer Ausdruck tiefsten Ergriffenseins.

Angeregt durch die Begegnung mit Herder öffnet sich Goethe dem Volksliedhaften und damit dem einfachen Volk auf dem Land, wofür auch Friederike in Goethes Selbstzeugnis steht.

Aufgabe 7:
Seite 73

„Willkommen und Abschied", weit über zweihundert Jahre trennen uns heute von dem Gedicht, und doch vermag es noch immer deutlich Saiten in uns zum Klingen zu bringen, uns zu durchdringen, mit uns eins zu werden. Wir finden uns in diesem Gedicht wieder, es spiegelt tagtägliche Erfahrungen junger Menschen: das schlagende Herz hin zur Freundin, zum Freund, ein Herz, das meist stärker ist als alle elterlichen Vernunftgründe, Mahnungen und Verbote. Ob zu Pferd oder im Musik dröhnenden Auto mit achtzig, hundert Pferdestärken, es ist das gleiche Verlangen, die gleiche „Liebesrichtung", die gleiche Leidenschaft und das gleiche Hoffen auf herzliches Willkommen. Der Abschied nach einer kurzen, viel zu kurzen Nacht, vielleicht gar die Tränen auf der einen oder anderen Seite und der Weg nach Hause zwischen „Wonne" (Z. 28) und „Schmerz" (Z. 28), kein Unterschied von damals zu heute.
Mag der eine oder andere über den vierfüßigen Jambus mit Kreuzreim und wechselnder Kadenz „ablästern", viele heutige Liebes-Gedichte in Schülerzeitungen und Jugendmagazinen haben sehr wohl Metrum und Endreim, nicht einmal die Form ist „out", ganz im Gegenteil. Und der Inhalt? Er wird weiterhin Generationen in ihrem Fühlen berühren, denn er fasst das Existentiellste, das Schönste, das Umwerfendste zwischen zwei Menschen in zwei Zeilen: „Und doch, welch Glück! geliebt zu werden,/Und lieben, Götter, welch ein Glück!" (Zeile 31 f.).

Hinweis: Die Erläuterungen zu verschiedenen Fach-Termini sind nur für dich eingebaut worden, also dies nicht in der Klassenarbeit so machen.

Tipp: In der Klausur grundsätzlich keine Fachausdrücke erklären, sondern sie für die Interpretation nutzen!

Training

Seite 74 f.

Aufgabe:
Seite 74

Schritt 1 + 2:

Äußere Form
Sonettform (Infos: typisch für Barockzeit, zwei Quartette/zwei Terzette, Darstellung von Antithesen, zentrale Aussage meist in den letzten zwei Zeilen)Fünfhebiger Jambus ohne Mittelzäsur
Quartette: umarmender Reim
Terzette: verschränkter Reim
Überschrift: Verweis auf das Unwirkliche

Inhalt
Hingabe an Liebessehnsucht nur in der Nacht möglich
Nacht soll Traumwelt schaffen
Antithese von Nacht (positiv) und Tag (negativ)
Nacht als Schmerzensstillerin

Einleitung
Sonettform
Fünfhebiger Jambus
Erfüllung der Liebessehnsucht in der Nacht
Ablehnung der Tagesrealität

Schritt 3: Textgestaltung
1. Strophe
Leben eingehaucht: ähnlich wie Lebensodem bei Adam durch Gott, vorher keine Existenz
Gestillet Schmachten: Liebessehnsucht, Bedeutung von Kuss
Komm, Dunkelheit: Anrufung, Funktion der Ummantelung/Schutzes
Neue Wonne ... saugt: Personifikation, weitere Steigerung dank der Nacht

2. Strophe
Solch Leben eingetaucht: Metapher, Bezug zu oben, intensives Leben nur in Träumen
Drum leb' ich ...: Sinn des Lebens
Andern Freuden Glanz verachten: Kontrastierung
Nacht so süßen Balsam haucht: Personifikation, Funktion der Nacht, Kontrast zu oben

3. Strophe
Tag ist karg ...: Metapher, Tages-Definition, Kontrastierung
Es schmerzt mich ... eitles Prangen: Tag = Helligkeit = Nichtigkeit (Bezug zu Gryphius)
Und mich verzehren ... Gluthen: Vernichtende der Sonne

4. Strophe
Drum birg dich Aug': Anruf, bewusstes Verschließen vor dem Tagesglanz
Hüll' dich in Nacht: Schutz der Nacht, nur dort Glück
Und heilt den Schmerz: Tagesschmerz kontrastiert zur Nachtheilerin
Wie Lethes kühle Fluten: Vergleich zu Todesreich, Fluss des Vergessens, ewige Nacht

Schritt 4: Gesamtüberblick
Kontrastierung von Nacht und Tag
Zentrum: wahres Leben nur dank Nacht und Traum
Kontrastiert zum Tag (eitles Prangen)
Kontrastierung im verschränkten Reim der Terzette:
  liebesüße[...] Wonnen : irrd' scher Sonnen
  Eitles Prangen : dein Verlangen
  Sonne Gluthen : kühle Fluten
Überschrift („Der Kuss im Traume") endet im positiven Vergleich zum Tode

Schritt 5: Biografie (autobiografischer Bezug/Kontext)
Der Kuss im Traume: biografische Realität, die nur den Kuss im Traume zulässt (Stiftsfräulein, Liebe zu dritt)
Der Tag ist karg an liebesüßen Wonnen: Geliebter ist verheiratet
Und heilt den Schmerz, wie Lethes kühle Fluten: Antizipation (Vorwegnahme) ihrer Selbstmordbereitschaft, siehe auch mitgeführten Dolch

Schritt 6: Epoche
In Träumen war solch Leben eingetaucht: Versenkung ins eigene Innere
Weil nur die Nacht so süßen Balsam hauchte: Starke Betonung der Nacht
Der Tag ist karg an liebesüßen Wonnen: Negierung des Tages
Und heilt den Schmerz, wie Lethes kühle Fluten: Todessehnsucht, um sich im Unendlichen aufzulösen

Eine gemeinsame Darstellung von Biografie und Epoche würde sich hier anbieten.

Schritt 7: Gedichtinterpretation / Schluss
Rückzug in sich, Verschließen vor der Außenwelt
Traumwelt contra Realität
Phantasiewelt als Fluchtort vor Tagesanforderungen/Realitäten
Bezug zu heute: Second Life/Fernsehheld als Freund usw.
Eigenständige Bewertung

Check

Seite 76 f.

Aufgabe 1:
Seite 76

1 Personalpronomen	10 Demonstrativpronomen
2 Verb	11 Possessivpronomen
3 unbestimmter Artikel	12 Adverb
4 Präposition	13 Reflexivpronomen
5 Relativpronomen ergänze, auch wenn es blöd klingt, ***alles***, *was …*	14 Adverb
6 Konjunktion	15 Konjunktion
7 Reflexivpronomen	16 Hilfsverb
8 Adverb	17 Personalpronomen
9 Verb	18 Adjektiv

Aufgabe 2:
Seite 77

Hier die Lösung, zum besseren Verständnis ohne Pfeile.

Wie ein Held zur Schlacht	Vergleich
Der Abend wiegte die Erde	Personifikation
Nebelkleid	Metapher
Finsternis sah aus dem Gesträuche …	Personifikation
… mit hundert Augen	Hyperbel
Der Mond sah hervor	Personifikation

Wolkenhügel	Metapher
Die Winde schwangen leise Flügel	Personifikation
Die Nacht schuf Ungeheuer	Personifikation
… **tausendfacher** war mein Mut	Hyperbel
Mein Geist war … Mein ganzes Herz zerfloss	Anapher
Milde Freude floss auf mich	Metapher
Jeder Atemzug für dich	Hyperbel
Ihr Götter	Ausruf, Emphase
Ich hofft' es, ich verdient' es nicht.	Anapher
welch Glück! geliebt zu werden, Und lieben, Götter, **welch** ein **Glück**!	Chiasmus

---

Aufgabe 3:
Seite 77

Eigenleistung. Hilfen findest du in den Wissensteilen der Einheiten 1, 2 und dieser.

Kurs
Seite 82–84

Lösungsvorschlag für den Gedichtvergleich

Aufgabe 1:
Seite 83

Aufsatz-Teil		Minuten	Seiten
Vorarbeiten		60	
1. Gemeinsame Einleitung	(danach: 2 Zeilen frei)	10	¼–½
2. Erste Gedichtinterpretation 2.1 Einleitung 2.2 Inhaltsangabe 2.3 Interpretation	 (1 Zeile frei) (1 Zeile frei) (danach: 2 Zeilen frei)	40	2–3
3. Zweite Gedichtinterpretation 3.1 Einleitung 3.2 Inhaltsangabe 3.3 Interpretation	 (1 Zeile frei) (1 Zeile frei) (danach: 2 Zeilen frei)	40	2–3
4. Vergleich beider Gedichte 4.1 Einleitung 4.2 Konkreter Vergleich an ausgesuchten Aspekten (4.3 Einordnung in die Epochen)	 (1 Zeile frei) (1 Zeile frei) (danach: 2 Zeilen frei)	30	2–3
5. Gemeinsamer Schluss beider Gedichte		10	½
6. Durchlesen (unbedingt einplanen, also entsprechend früher mit der Klausur fertig sein!!)		10	
	Gesamtzahl:	200	7–10

Aufgabe 2:
Seite 83

Vorarbeiten: individuelle Lösungen

Die Schüler schlugen vor, jeden Teil der Interpretation kurz mit einer Überschrift zu versehen, sodass der Aufbau noch übersichtlicher wird.
Ich werde der Idee meiner Schüler folgen, nur dürfen in deiner Klausur diese „Überschriften" nur vorkommen, wenn dies üblich ist und vom Lehrer akzeptiert wird! (s. Aufgaben 3–8)
Diese Überschriften hier dienen ausschließlich der Übersichtlichkeit für dich im Lösungsteil!

Aufgabe 3:
Seite 84

1.1 Einleitung zum Gedichtvergleich
Sehnsucht ist der rote Faden der Liebesgedichte „Willkommen und Abschied" (Erstfassung) von Johann Wolfgang von Goethe und „Der Kuss im Traume" von Karoline von Günderrode. Nach Liebe sehnen sich beide lyrischen Ichs, nur die Erfüllung kann unterschiedlicher kaum gedacht werden: Goethe bei seiner Geliebten in Sessenheim, von Günderrode ausschließlich in nächtlichen Phantasien. Damit ist auch in Blick auf die Epochenzuordnung eine Richtung gewiesen: Sturm und Drang bei Goethe und die Epoche der Romantik bei Günderrode.

Aufgabe 4:
Seite 84

2. Gedichtinterpretation „Willkommen und Abschied"

2.1 Einleitung
Das Goethe-Gedicht „Willkommen und Abschied", geschrieben 1771 in vierfüßigem Jambus mit Kreuzreim, atmet schon im Titel das Gegensätzliche: Ankunft und Abschied. Das lyrische Ich, das mit Goethe zu identifizieren ist, reitet nachts zu seiner Geliebten, verbringt die Nacht bei ihr und nimmt am Morgen unter Tränen Abschied. Zeitlich, sprachlich und inhaltlich ist das Gedicht der Epoche „Sturm und Drang" zuzuordnen.

2.2 Inhaltsangabe
Kurz entschlossen reitet das lyrische Ich durch den angsteinflößenden nächtlichen Wald zu seiner Geliebten und empfindet es beglückend in ihrer sanften Nähe zu sein. Am Morgen nimmt das lyrische Ich unter Tränen von ihr Abschied, wobei es das Glück über die Liebe in seinem Herzen bewahrt.

2.3 Interpretation (besonders der Vergleichspunkte)
Schon zu Beginn des Gedichtes dominiert das konkrete Tun, das zielorientierte Vorgehen: „Mir schlug das Herz. Geschwind, zu Pferde!" (Z. 1). Zunächst wird der hereinbrechende Abend fast mütterlich als Wiegen der Erde geschildert, um sehr bald das Ängstigende der „Finsternis (...), [die] [m]it hundert schwarzen Augen sah" (Z. 8), zu betonen. Dieses Spiel zwischen sanfter und dann beängstigender Nachtschilderung durchzieht auch die zweite Strophe. „Die Nacht, [die] tausend Ungeheuer [schuf]" (Z. 13), wird als Herausforderung für das lyrische Ich aufgebaut, sie ist eine ihm feindlich gesinnte Welt, der er nur mit „tausendfache[m]" (Z. 14) Mut trotzen kann. Was ihn vorantreibt, ist „Feuer" (Z. 15) und „Glut" (Z. 16) für die Geliebte.
Es folgt dann in der dritten Strophe der Wechsel von den eher männlich dominierten Begriffen von „Schlacht" (Z. 2), „Nacht" (Z. 4) und „Mut" Z. 14) zu „milde[r] Freude" (Z. 17), „süße[m] Blick" (Z. 18) und „liebliche[m] Gesicht" (Z. 22). Die Begegnung mit der Geliebten verändert das lyrische Ich, denn „milde Freude/Floß aus dem süßen Blick auf mich" (Z. 17 f.). Die erfahrene Vereinigung mit ihr in der „Zärtlichkeit" (Z. 23) erfüllt sein ‚Hoffen' (vgl. Z. 24).
Der zu frühe Abschied in der letzten Strophe spiegelt das Herz der Geliebten in ihren Blicken, denen dann Küsse folgen, die in der Triade (Z. 27 f.) „Liebe", „Wonne" und „Schmerz" gefasst werden. Auch wenn das lyrische Ich „mit nassem Blick" (Z. 30) der Geliebten nachsieht, so bleibt in ihm über den Abschied hinaus jubelnd die Erkenntnis: „Und doch, welch Glück! Geliebt zu werden,/Und lieben, Götter, welch ein Glück!" (Z. 32).

Aufgabe 5:
Seite 84

3. Gedichtinterpretation „Der Kuss im Traume"

3.1 Einleitung
In dem in Sonettform verfassten Gedicht „Der Kuss im Traume" von Karoline von Günderrode findet die Liebessehnsucht nur in der Nacht die vom lyrischen Ich sich erträumte Erfüllung, während der Tag die Realität sichtbar macht und folglich abgelehnt wird. Das Gedicht ist im fünfhebigen Jambus ohne Mittelzäsur verfasst, im umarmenden Reim die Quartette, im verschränkten Reim die Terzette. Die Betonung der Nacht, verbunden mit Todessehnsucht und Allverbundenheit im Reich der Phantasie, verortet das Gedicht in die Epoche der Romantik.

3.2 Inhaltsangabe
Das lyrische Ich scheint wie in Trance sich einer Liebessehnsucht hinzugeben, die nur im Traum, also in der Nacht, gestillt werden kann. Folglich wird auch die Nacht aufgefordert, den Rahmen für die Traumwelt zu schaffen. Der Nacht wird der Tag antithetisch gegenübergestellt, also in seiner lichten Klarheit negativ beleuchtet und abgelehnt, um dann als Abrundung nochmals die Nacht als Schmerzensstillerin deutlich hervorzuheben.

3.3 Interpretation (besonders der Vergleichspunkte)
„Es hat ein Kuss mir Leben eingehaucht" (Z. 1), eine Metapher, die sofort antithetisch Tod und Leben andeutet. „Eingehaucht" erinnert an den biblischen Schöpfungsbericht, als Gott Adam den Lebensodem einhaucht und ihn damit erst lebensfähig macht. Vorher war er ein Nichts ohne die entscheidende Lebendigkeit, der Kuss erhält hier fast göttliche Funktion, nur er ermöglicht angemessenes Leben, stillt des „Busens tiefstes Schmachten" (Z. 2), wobei der Superlativ „tiefst" und „Schmachten" die Intensität der Liebessehnsucht sehr nachdrücklich fassen. Den Rahmen zu dieser inneren Befriedigung kann nur die „Dunkelheit" (Z. 3) schenken, die personifizierend aufgefordert wird zu kommen. Dieser Mantel der Dunkelheit ist dem lyrischen Ich vertraut, worauf das Adverb „traulich" (Z. 3) hinweist.

Im zweiten Quartett werden Traum und Nacht als Einheit weiter vertieft. Ausschließlich im Traum ist das vom lyrischen Ich angestrebte Leben „eingetaucht" (Z. 5) und der Sinn des Lebens besteht im Betrachten der „Träume" (Z. 6), wobei das Adverb „ewig" (Z. 6) das Betrachten mit der Unendlichkeit verbindet. Nur in der Entrückung ist Erfüllung möglich, nur dafür lohnt es sich zu leben, während das reale Leben diese Lebendigkeit, diese Befriedigung der Liebessehnsucht nicht schenkt. Genau das deckt sich mit der Biografie von Karoline von Günderrode: Unglück in der Liebe bei gleichzeitig ins Extrem gehender Liebessehnsucht, dazu die moralischen Einschränkungen eines Stiftfräuleins, so „[haucht] nur die Nacht so süßen Balsam" (Z. 8).

Die folgenden zwei Terzette stellen der Beglückung schenkenden Nacht den alles durchleuchtenden Tag gegenüber. Die Assonanz „Tag" und „karg" in der Zeile 9 kontrastiert zu „liebesüßen Wonnen" (Z. 9). Das alles durchleuchtende Licht „schmerzt" (Z. 10), wobei das Licht durch „eitles Prangen" (Z. 10), was für Vergänglichkeit steht, näher definiert wird. Erfüllung am Tag finden zu wollen ist vergebliche Liebesmüh.
Wurde in der ersten Strophe noch die Dunkelheit als traulicher Mantel für erfüllte Wonnen angerufen, ist es nun die Nacht, die „dein Verlangen" (Z. 13) stillt „[u]nd den Schmerz [heilt]" (Z. 14), eine Intensivierung also, die gestützt wird durch den Vergleich zu „Lethes kühle Fluten" (Z. 14), was aus der Nacht die ewige Nacht, den Tod, macht. Die dauerhafte Beglückung, aus der es kein Erwachen in eine unglücklich erlebte Realität gibt, ist nur im Tod möglich.

Aufgabe 6:
Seite 84

4. Vergleich beider Gedichte

4.1 Einleitung
Ein lyrisches Ich sehnt sich in dem jeweiligen Gedicht nach erfüllender Liebe, die in ihrer Sehnsuchtskraft intensiv geschildert wird. Zwei lyrische Ichs, eine Begierde, zwei Wege und ein komplett unterschiedlicher Schluss, das ist auf den ersten Blick der rote Faden des Vergleichs.
Da beide Gedichte sich biografisch verorten lassen, wird im Vergleich das lyrische Ich jeweils mit dem Dichter gleichgesetzt.

4.2 Konkreter Vergleich an ausgesuchten Aspekten
Tatenmensch gegen Traummensch: „Mir schlug das Herz. Geschwind, zu Pferde" (Z. 1) bei Goethe, „[e]s hat ein Kuß mir Leben eingehaucht" (Z. 1) bei Günderrode. Sie präzisiert ihre Aussage näher: nur „[i]n Träume war solch Leben eingetaucht" (Z. 5). Während Goethe der Geliebten entgegen reitet, getrieben von Liebes-Feuer und -Glut, das Ich also dem Du zueilt, Nacht und Wald nur die Probe darstellen, bei der der Held seine Entschlossenheit beweisen kann, „[d]och tausendfacher war mein Mut" (Z. 14), wird Günderrode nur auf sich zurück gewiesen. In ihr selbst spiegelt sich Sehnsucht und Erfüllung. Dies ist bei Goethe auf zwei Personen verteilt. Ihm bleiben deshalb beglückende Erinnerungen: „In deinen Küssen welche Liebe,/O welche Wonne, welcher Schmerz!" (Z. 27 f.). Günderrode dagegen lebt nur, „ewig Träume zu betrachten" (Z. 6), sie kann folglich „aller andern Freuden Glanz verachten" (Z. 7). Sie kommt in der Wirklichkeit nie an, da für sie Leben und Traum die ihr einzig mögliche Lebensform darstellen, der Traum, ihr eigener, wird ihr zum Du, den sie als Ich wie im Kino betrachtet. Wir haben hier eine Verschmelzung von Ich und Du im eigenen Inneren, wie es nur in romantischen Vorstellungen möglich und erstrebenswert ist.

Der nächste Unterschied erweist sich als zwingend notwendig: die Stellung von Nacht und Dunkelheit. Gerade das Traumhafte, Unscharfe, Unstrukturierte, durch keine Tagesklarheit Eingeschränkte erfordert die Dunkelheit, Günderrode „traulich zu umnachten" (Z. 3). In dem Verb „umnachten" steckt schon die Vorstellung der Ummantelung, des Schutzes durch die Nacht. „Umnachten" steht für Realitätsferne, Bezugslosigkeit zur Wirklichkeit der anderen. In diesem Verb steckt eigentlich die gesamte Vorstellung der Romantik und damit der Günderrode, die antithetisch dem überschwänglich positiv besetzten Begriff der Nacht den des Tages entgegensetzt: „Der Tag ist karg an liebesüßen Wonnen" (Z. 9). Wonne, Traum, Nacht bilden eine unauflösbare Einheit, während bei Goethe die Wonne an erfahrener Beglückung durch die Geliebte gekoppelt ist, „[i]n deinen Küssen welche Liebe" (Z. 27). An dieser Stelle wird bei Goethe die Nacht gar nicht erwähnt. Die Tageszeit der Küsse kann man sich als Leser nur denken. Jedoch wird die Nacht sehr klar geschildert als die Stunden der Gefährdung, der „tausend Ungeheuer" (Z. 13), der Herausforderung, die der Held zu bestehen hat, um genau diese Dunkelheit hinter sich zu lassen, um dann im beglückenden Licht des „lieblichen Gesicht[s]" (Z. 22) sein Verlangen gestillt zu bekommen (vgl. Z. 13 bei Günderrode).

Bei Günderrode steht der Tag für eine unglückliche Wirklichkeit: „Drum birg dich Aug' dem Glanze irrd' scher Sonnen!" (Z. 12). Das Licht des Tages zeigt ihr in verletzender Schärfe die Ketten ihrer Situation: Frau, Stiftsfräulein, Liebessehnsucht, Moralkodex. Ihre Vorstellung einer Ehe zu dritt, bei der sie der Ehefrau die Rolle der Hausfrau zuweist, während sie den Ehemann als ihren Geliebten geistig, vermutlich auch sexuell befriedigt, ist so weit von jeder lebbaren Realität entfernt, dass in der Tat nur der nächtliche Traum als Ort der Realisierung in Frage kommt. Möglicherweise wirkte die Günderrode auf ihre Zeitgenossen ziemlich „umnachtet", selbst in der Zeit der frühen Romantik, die für sexuelle Eskapaden und neuen Partnerschaftsvorstellungen – ähnlich der 68er-Zeit – erstaunlich offen war. Ganz anders Goethe, er kommt bei seiner Geliebten an. Nachdem er Dunkelheit und Wald hinter sich gelassen hat, „[ist] [sein] Herz [ganz] an [ihrer] Seite" (Z. 19), wird eins mit ihr. Stürmisch und drängend, trotzend Dunkelheit und Nacht, gelingt die Verschmelzung mit der Geliebten, während der Günderrode nur der Traum bleibt. Träumte vermutlich auch Goethe vorher noch von Friederike, trieb ihn drängende Sehnsucht durch die Nacht zu ihr, nun wird das Wirklichkeit, wovon er sagt: „Ich hofft' es, ich verdient' es nicht" (Z. 24).

In der aus dem Vergleich sich ergebenden Konsequenz ist der Schluss beider Gedichte vollkommen unterschiedlich. Nach der Begegnung mit seiner Friederike fällt Goethe der Abschied zu Tagesanbruch zwar schwer, doch er nimmt aus den gemeinsamen Stunden als beglückendes Geschenk das ihn fast umwerfende Gefühl mit: „Und doch, welch Glück! Geliebt zu werden, / Und lieben, Götter, welch ein Glück!" (Z. 31 f.). Anders Günderrode: Ihr Verlangen stillt und ihren Schmerz heilt (vgl. 13 f.) nur die Nacht, in der Doppelfunktion von Heilerin und Schützerin. Und der darauf folgende Vergleich „wie Lethes kühle Fluten" (Z. 14) spiegelt nicht nur die Todessehnsucht Günderrodes wider, sondern wirkt erschreckend wirklich, wenn man an ihren Selbstmord am Rheinufer denkt, bei dem ihre Leiche dann in den „kühle[n] Fluten" über Stunden trieb, bis sie gefunden wurde. Das Gedicht Günderrodes endet angedeutet mit ihrem wenige Jahre später vollzogenen Selbstmord, ihrem Traum, aus dem es kein verzweifeltes Erwachen gibt. Goethe jedoch nimmt aus der Begegnung mit seiner Geliebten Lebensenergie, Beglückung und existentielle Erkenntnis mit, die ihn auch nach der Zeit mit Friederike begleiten wird.

Aufgabe 7:
Seite 84

4.3 Einordnung in die Epochen
Junges, Dynamisches, Revolutionäres haben Sturm und Drang und Romantik gemeinsam, beide sind eine Gegenbewegung zu Erstarrtem, einengend Geordnetem, Gegenbewegung zur Aufklärung und zur Klassik. Doch während im Sturm und Drang es um das konkrete Tun in der Realität geht und diese Realität beglückend erfahren werden kann, sind die Vorstellungen der Romantik oft so überhöht, dass sie sich nur in Innerlichkeit und Unschärfe von Traum und Nacht erfüllen lassen. Genau diesen Unterschied zeigen beide Gedichte und zeugen inhaltlich, thematisch, sprachlich, aber auch ideenmäßig von der Epoche, der sie jeweils zugeordnet werden.

Aufgabe 8:
Seite 84

5. Gemeinsamer Schluss beider Gedichte / Abrundung des Vergleichs
Für den heutigen Leser dürfte auf den ersten Blick Goethes Tatendrang weitaus näher liegen als Günderrodes traumhaft gespiegelte Innerlichkeit. In „Willkommen und Abschied" liegt viel von unserer Zeit: alles schnell, alles sofort, alles intensiv. Doch diese Einstellung hat in der aktuellen Krise der globalen Märkte, in der kritischen Anfrage in Blick auf die Umweltzerstörung einen deutlichen Dämpfer bekommen. Nicht alles, was machbar ist, ist auch erstrebenswert. Aber vielleicht gerade deswegen wird „Willkommen und Abschied" als Traum einer erhofften Verwirklichung eigener Wünsche positiv aufgenommen. Dann würden die gefühlten Fesseln der Günderrode ihre erträumte Erfüllung möglicherweise in der konkreten Liebe erfahren. Andere werden aus den aktuellen Ketten der Realität in den „Kuss im Traume" flüchten und sich hier wiederfinden. Unsere unsichere Zeit macht uns offen für beide Möglichkeiten.

Vielleicht brauchen wir gerade heute neu den Traum als Gegenpart zur Wirklichkeit, einen Traum, der nach Verwirklichung ruft und nicht bei sich stehen bleibt, eine Verbindung beider, wie Robert Harold Schuller es in dem Satz formuliert: „Wenn du es träumen kannst, kannst du es auch tun!"

Oder wie mancher als Sentenz unter alle seine Mails schreibt: „The future belongs to those who believe in the beauty of their dreams!“ (Eleanor Roosevelt)

Training Seite 85

Aufgabe:
Seite 85

Stichworte und Schreibplan des Gedichtvergleichs

1. Einleitung zum Gedichtvergleich
- Gemeinsamkeiten: beide Flucht aus Deutschland im Dritten Reich/längerer Exilaufenthalt
- Gemeinsame Thematik: Sprache
- Unterschiede: Überdauern der Sprache

2. Gedichtinterpretation „Bald hüllt Vergessenheit mich ein“

2.1 Einleitung
- Thema: Verlust der Muttersprache/Leben in einer erzwungenen Fremde
- Form: drei Strophen, gleiche Zeilenlänge
  - meist regelmäßig, fünfhebiger Jambus
  - meist regelmäßiger Kadenzwechsel (weibliche/männliche Kadenzen)
  - Kreuzreim

2.2 Inhaltsangabe

1. Strophe: Lyrisches Ich spricht Landessprache nicht bzw. nicht ausreichend
   - unfreiwillig in fremdem Land
   - Gehen und Schweigen
   - Sprache als Grundnahrung wie Brot/nur Brocken/schmerzhaftes Fehlen (Hunger)

2. Strophe: Fehlen der vertrauten Laute der Muttersprache
   Erwähnen von Worten aus der Kindersprache

3. Strophe: Fremdheit
   - keine Rückkehr in vertraute Kindheit/in vertraute Sprache
   - Ende: Schweigen und Kälte

2.3 Interpretation (besonders der Vergleichspunkte)
- Sprachliche Umrahmung: Überschrift und letzte Zeile fast identisch: Vergessenheit
  - Situation ist zementiert/kein Entwicklung: Anfang und Ende gleich
- bei zwölf Zeilen: sechste Zeile = Mitte: Mutterlaute der Kindheit/Antithetisch zur Exilsituation
  - Katze … miaute: Kindersprache
  - Nachthimmel: auch staunenswert
  - Einmaleins: elementar/Grundlage des Rechnens
- Anapher: Kein (3. Strophe): kein Märchen/kein deutsches Wort werden parallel gesetzt
- Alliteration: *Brot/Brocken* (1. Strophe)
- Heimatverlust: Brocken in Hosentasche (keine Reisetasche ▯ überstürzte Flucht)
- Einsamkeit: keine weiteren Menschen/Sprachverlust/Alleinsein im Wald
- Grundnahrung: Brot = Sprache
- Lyrisches Ich: selbst erlebte Exilsituation (lange Dauer/fehlende Muttersprache/Isolation)
- Vergessenheit: eigene Sprache/eigene Person wird vergessen
- Schnee = Eis = Tod

- Sprachverlust = Existenzverlust = Traditionsbruch in Blick auf Weitergabe an nächste Generationen
- Appell mit dem Gedicht: Thema „Vergessenheit" / durch Schreiben (Publizieren): kein Vergessen/Anschreiben gegen das Vergessen (der Muttersprache/des Erlebten des lyrischen Ichs)

3. Gedichtinterpretation „Ars longa"

3.1 Einleitung

- Thema: Überdauern der Sprache
- Form: vier Strophen mit unterschiedlicher Zeilenzahl
  - Kürze der Zeilen
  - Unregelmäßiges Metrum/keinen Reim

3.2 Inhaltsangabe

1. Strophe: Aufzählung zu „Atem" / fehlendes Prädikat
2. Strophe: das *Wort* (= Wind = heiliger Atem) geht/Subjekt und Prädikat weit auseinander = langer Atem
3. Strophe: Atem findet Orte (vollständiger Satz)
4. Strophe: kürzeste/fehlendes Prädikat kann aus 3. Strophe ergänzt werden: Wort (= heilig) findet Mund (= wird zur Sprache)

3.3 Interpretation (besonders der Vergleichspunkte)

- Wiederholung: 3x *Atem*/3x *Wort* (beide = heilig)
- Orte: Zweige/Wolken/Vogelkehlen = Bereich der Luft (Leichtigkeit)
- Atem wird personifiziert (Orte: Zweige, Wolken, Vogelkehlen)
- Lat. Zitat: Beständigkeit der Kunst
- Kunst (Sprache) ↔ Natur (Vogelkehlen, Zweige), Gegensatz wird aufgehoben (Symbiose)
- Beständigkeit: Adverb *immer* (auch wenn die einzelnen Träger sterblich sind, dennoch ewiger Kreislauf)
  - *Atem* = heilig (= unvergänglich), steht für Leben (geht aus und ein), ist identisch mit Wort
  - *Wort*: frei, Sprache (*Mund*) an sich lebt weiter
  - Wort sucht Mund: Das Wort war vor dem Sprechen schon vorhanden, deswegen heilig, siehe Beginn des Johannes-Evangeliums: „Im Anfang war das Wort und das Wort war bei Gott, und Gott war das Wort." (Wort = Logos = Gott)
  - Kunst = unsterblich = heilig = göttlich (siehe Seneca-Zitat)
    Seneca: Selbstmord wegen Nero, aber Senecas Schriften leben (=wirken) weiter
    Sprache = Kunst = Unsterblichkeit/Sprache muss zum schöpferischen, kunstvollen Akt werden, nicht allgemeines Dahergerede

4. Vergleich beider Gedichte

4.1 Einleitung

- gemeinsames Ziel: Überleben der Sprache
- unterschiedliche Einschätzung: pessimistisch (Sahl) : optimistisch (Domin)

4.2 Konkreter Vergleich an ausgesuchten Aspekten

- Sprache:
  - Bei Sahl: ohne Sprache stirbt der Mensch innerlich
    - Sein Sprachverlust bedingt Traditionsabbruch (Mensch + Sprache werden vergessen/Abbruch in Blick auf die deutsche Sprache)
    - Deutsche Sprache = Muttersprache = Heimat (mit integrierter Kindheit)
  - Bei Domin: Sprache überlebt den einzelnen Menschen (Sprache sucht sich Mund)
    - Sprache ist universell, mehr als nur die deutsche Sprache (siehe lat. Zitat)
    - Sprache stirbt nicht
- Wortwahl
  - Bei Sahl: subjektive Worte seiner Kindheit (Milch, Baum, Bach) = verlorene Vergangenheit. Kunstvolle Wortwahl des Gedichtes (Kunstvolle gegen das Vergessen) = bestätigt Seneca-Zitat (= Ansatz von Domin)
  - Bei Domin: objektiv-elementare Worte (Zweige, Wolken, Vogelkehlen) = leben auch ohne subjektiven, sterblichen Träger weiter = Zukunft
- Gemeinsames Ziel: Nicht-Vergessen
  - Bei Sahl: Vermittlung des Exilerlebens durch kunstvoll geformte Sprache (Ankämpfen gegen Traditionsabbruch/gegen das Vergessen)
  - Bei Domin: Kunstwerk über die unvergängliche Kunst (Form, Inhalt und Realität bedingen sich, Kunstwerk überlebt Künstlerin [2006 verstorben]), Seneca-Zitat roter Faden

5. Gemeinsamer Schluss beider Gedichte/Abrundung des Vergleichs

- Gemeinsame Thematik: Bedeutung der Sprache
  - Sprache als verbindendes Kulturgut
  - Sprachverlust = Heimatverlust (bei Sahl)
  - Nachruhm beider dank Sprache als Kunstwerk
- Objektiv keine Gefährdung deutsch zu sprechen: Friedenszeit (kein Exil notwendig)
- Aber: Problematisierung der Bedeutung der deutschen Sprache
  - Verhunzung der Sprache in den verschiedenen Medien
  - Fehlende Sprachkompetenz vieler Schüler
  - Fehlende Differenziertheit des Denkens bedingt die Gefahr des Aussterbens differenzierter Sprache
  - Sprache als Berieselung, Ablenkung und banale Kommunikation
  - Exilsituation für die Sprache, nicht für die Sprechenden

Appell: auch eine unsterbliche Sprache bedarf der Pflege (Verbindung von Domin und Sahl)

Check

Seite 86–89

Siehe Wissensteil/individuelle Schwerpunkte

Klassenarbeitsaufbau	Gedichtinterpretation: S. 8 + S. 40 Gedichtvergleich: S. 78, S. 81 + S. 83
Grammatik	Wortarten: S. 9–10 Zeiten: S. 11
Zentrale Übungsgedichte	Bertolt Brecht: Über die Bezeichnung Emigranten (1937): S. 12 Bertolt Brecht: Schlechte Zeit für Lyrik (1939): S. 16
Epochen	Barock – Neue Sachlichkeit: S. 42–43
Metrum/Rhythmus/ Stilfiguren	Allgemein: S. 50–51 Metrum: S. 51–52 Reim: S. 53 Stilfiguren: S. 55–57
Sonstiges	Zitiertechnik: S. 22